欲辩忘言

蔡照波印象

谢耿◎编

南方日报出版社
NANFANG DAILY PRESS

图书在版编目（CIP）数据

欲辩忘言——蔡照波印象 / 谢耿编. - -广州：南方日报出版社，2018. 5

ISBN 978-7-5491-1794-9

Ⅰ. ①欲… Ⅱ. ①谢… Ⅲ. ①蔡照波-人物研究-文集 Ⅳ. ①K825.4-53

中国版本图书馆CIP数据核字(2018)第022665号

YU BIAN WANG YAN：CAI ZHAOBO YINXIANG

欲辩忘言——蔡照波印象

编　　者：谢　耿
出版发行：南方日报出版社
地　　址：广州市广州大道中289号
出 版 人：周洪威
出版统筹：周山丹
责任编辑：陈盈璐
装帧设计：傅锦文
图片编辑：陈焕升
责任技编：王　兰
责任校对：阮昌汉
经　　销：全国新华书店
印　　刷：恒美印务（广州）有限公司
开　　本：787mm×1092mm 1/16
印　　张：19.5
字　　数：250千字
版　　次：2018年5月第1版
印　　次：2018年5月第1次印刷
定　　价：68.00元

序

在书的后边得有一个人

艾　云

很多年前就见过蔡照波。他到我们省作协，大家匆匆而过，未能详聊。印象中他精干而温和，一副俊彦才子模样。他神情诚恳，但脚步快疾，好像后边总有什么事情催着。

熟悉了，对蔡照波的印象也就更加清晰和立体了。他始终是文人模样的，并且有些古意，清癯儒雅；可他又有着现代人的气质，洒脱明亮，杯酒不醉，酬酢自如。这正如同他南秀北雄的相貌。端的是灵动如豹子、机警如羚羊，端的是古与今的通融相遇，躬礼与佩剑之间，便是丰姿美仪了。

说到姿仪，便一定要讲讲一个人的生命气场和艺术气质了。

先说说气场。蔡照波身上有气场。这气场不是强烈的席卷，而是和煦轻风的拂面。朋友们愿意和他交往，交往时感觉愉快而自在。气场是一种感染力、影响力。我们说一个人有气场，不是他如何霸气和专横。绝对的公平正义就在天有正道，所有人的小道理都被大道理管控着。若说这个人有气场，那一定是他自己在不停修养完善中，自珍自爱；并且体恤他人，勤于做事，给社会带来积极向上的正能量和感召力。气场弥散中的强烈与温煦，当然和人的秉性相关。

不管有何区别，总之，有气场的人，都有卓尔不凡的品质。

蔡照波自然是属于拥有温煦气场的人。

说到这里，我不由得想起鲁迅先生对人的评论。他在评说刘半农时，拿刘半农和陈独秀做比较。鲁迅说陈独秀是外面树一面大旗，上书“内皆武器，来者小心！”那门却是敞开的，里面几枪几刀一目了然。而刘半农则是不觉其有武库的人，那如清溪般的澄澈见底，纵是多少沉滓和腐草也不掩其大体的清。鲁迅知人论事的本领是我们学不来的，他常用恰当性比喻，形象生动，寥寥几笔，人物便跃然纸上。

而我之所以想起鲁迅这段话，是和眼下我正写的文字有关，我该如何准确言说蔡照波？我发现，延着评价刘半农的思路去言说蔡照波，也是非常妙的角度。不是吗？

友人们约在一起到他麓景路的工作室喝茶聊天。这条街我曾住过8年，从南向北走，拐左再上一个坡，就是我曾经住过的广州大学的家属楼。如果我没有搬走的话，我和蔡照波是相隔不远的近邻。

他的工作间给我印象很深。一进门，就是偌大的条案，上面放着文房四宝，在这上边可以写字绘画，屋子里弥散着一阵阵淡淡的墨香，有着沁人的芬芳。几堵墙上全是书法和绘画作品，有他自己的，也有朋友的。在另一间房子，有满柜子的书，室内另一侧放了小一些的桌子，桌子上放有刻刀和大小不等的石头，这是他搞篆刻的地方。他房间的一切陈设，都有着文人的雅致与隽气。

他在这里写字、绘画、篆刻、阅读。出门向左，不远处就是他供职的广东电视台。蔡照波作为电视人所取得的成功，书中已有不少专家的恰当评论，我这里不再赘言。但我仍想说，人不能因为自己心性高远而只做远离尘世的君子。人需要入世，并且在社会上找到一个合适的位置，担当一份俗世的责任，这才能成就自我。常言道，只有学会做人才能学会做事。可在人浮于事的具体时空里，还是得强调学会做事，这一点很重要。

蔡照波有繁杂的日常事务要打理。他必须要做事。他供职的单位要创收、赢利，自己养活自己。这和有的单位只有把拨款花出去的工作任务截然不同。当然，花出去，花到正点也没什么，可怕的是乱花，胡乱浪费纳税人的钱。俗话说：花钱容易挣钱难。不要轻看了挣钱这件事。在关乎盈余和利润时，需要判断、抉择，必须理性地从中寻找最佳方案。挣钱和市场与竞争有关，和相互商量双方共赢有关。市场里边不会有命令与服从，多的是共同商量。凡此种种，它要求人的判断必须准确，文人的浪漫主义在这里使不得。它也将逼出诚信，没诚信无人与你合作。再就是，大风大浪的场面里，人的能力与美德将毫无保留地展露在众人面前。人在这做事、赢利的过程中，将淬炼出个人的毅力，也涵养出好的气质与做派。

做事的人，并且要肩负某种责任，就必须协调好各种难缠的人事关系，需要有化解各种矛盾的能力与襟怀，而不是意气用事，把事情搞砸。生活中我们见到过不少这样的人，他们总是在抨击，抨击世风日下，人心不古，他们总是愤懑的，觉得谁都不好，谁做的事情都不对。多少年过去了，这样的人仍在愤懑中，便愈加处理不好自己的内心，也处理不好与周遭人的关系，日益成为落伍的、被时代淘汰的人。只会抨击别人，自己却不会做事的人，做人肯定是失败的。这不是命运的不公平，而是咎由自取。

借着蔡照波我扯远了话题，打住。但我说的这些好像又不完全离题，一个会做事的人，做人才能做得游刃有余，做得潇洒自若。

蔡照波做人做事已炉火纯青，他以精纯之质来处理各种复杂关系，于斡旋中进退得当。这些入世的谋生策略是必要的，而禀赋里的自由精神，更吸引他进入令人着迷的艺术领域。蔡照波于书法、绘画、篆刻以及写作方面的高超造诣，无不托载着他活跃纵阔的天性。他驰骋着却又不时约束着自我。他似乎总在悖论中寻找某种平衡。比如，他在入世与冥思，在丹青与篆刻，在酒与茶之间纵横捭阖。这之间有相对的矛盾，比如入世，需儒家学说对人伦道德关系的明辨与处理；冥思，则于清浥中升起虚渺空旷之禅意。比如丹青，无论书法或绘画，都是泼洒毫墨涸溽缠绵；而篆刻则在刀刻雕凿中砥砺金石之坚。比如酒，有火热炽烈如焰的沸腾；而茶，则是闲逸冷谧时分的浅啜清斟。

这些都是蔡照波的挚爱。这原本的悖论融汇在一起，越冲突就越有张力。张力的空间十分辽阔，在这无边无际的辽阔中，抬眼望去，群山和飞崖中，时光叆叇。此时，还能再说什么？我想再说几句，我想说的是蔡照波的平衡力，他总能于古典气息中蕴藏现代美学意识，有着中式的体悟和西式的缜密。他在日常生活中秉持着妥协的温融，同时又有坚韧的原则。他的书画篆刻无不有其独蕴的色泽，而他所看中的自己的写作又是如此的流动舒展，非深谙文章之道者而不能为。

拿到这本书，一看书名《欲辩忘言——蔡照波印象》，马上想起上一句“此中有真意”，接下来才是“欲辩已忘言”。这是陶渊明写的五言诗中的句子，取其做了书名，大有真义，也大有禅意。想要说什么，辩什么都忘掉了；而忘不掉的，有真情怀、真情谊，也有情绪的笼罩。

这本书不是蔡照波的著作，而是批评家写的对他艺术创作的评论，也有文友和师长写下的印象。全书的文字有鞭辟入里的表达，也有知根知底的暖意，这可见他的好人缘，也可隐约见到他多年来在不同艺术领域施展拳脚的独门绝活。

仔细读了全书，我想起了歌德的一句话：“仅有才华还成就不了一位作家，在书的后边得有一个人。”这本书的后边也有一个人，他就是蔡照波。

2017 年 12 月 29 日

目录

壹

蔡照波：挥毫当得江山助 …… 董 萍 /3

胸无成竹　然后有竹 …… 韩 水 /12

“岭东雅韵”——蔡照波 …… 罗一平 /17

金石之度 …… 王 干 /18

竹梢鸣凤醉意来——蔡照波艺术印象 …… 陈映欣 /21

蔡照波：“无心插柳柳成荫”的艺术 …… 雷雅男 /26

蔡照波：仗刀起舞　映白雪红颜 …… 杨名宇 /29

西泠印社社员、南方印社社长蔡照波 …… 韩帮文 /33

追求人生的虚与实
——蔡照波和他的书画篆刻 …… 陈焕升 /38

以静养心　以心撰文——《渡你过海》读记 …… 刘美真 /44

关于蔡照波 …… 林桢武 /47

四十载耕石不辍　方寸间笑傲印坛
——印坛名家蔡照波篆刻艺术之路 …… 赵鹏飞 /50

观照波篆书《岳阳楼记》有感 …… 刘大鹏 /57

拈花指　笔墨香 …… 巫丽香 /58

蔡照波：岭南篆刻在全国属中等水平 …… 韩帮文 /62

圣诞夜观照波画竹 ······ 刘大鹏 /65

蔡照波：艺术中的真性情 ······ 朱求真 /67

月照清波——夜读蔡照波墨竹画 ······ 陈晓明 /70

天然“去”雕琢的“波兄” ······ 李铉洵 /73

艺海无涯　诗意人生
——记南方电视台台长、广东省文史馆馆员、西泠印社社员蔡照波先生 ······ 许美群 /75

临波照影萧萧竹
——记南方电视台台长蔡照波的艺术世界 ······ 周常平 /79

朋友照波 ······ 黄国钦 /84

人格化的竹——我看蔡照波画竹 ······ 黄进雄 /87

是真名士自风流——记广东电视台副台长蔡照波 ······ c198711y/91

淡泊明志　率真做人
——访中文系 79 级蔡照波校友 ······ 贺　莎　罗谚君　陈玉凤 /95

墨竹风流——蔡照波墨竹艺术刍议 ······ 何伟才 /98

篆刻人生　笔墨风流
——广东电视台副台长蔡照波的艺术追求 ······ 郭小宁 /102

符号田畴　纵横深刻
——蔡照波篆刻书画艺术一席谈 ······ 谭松兴 /108

竹韵雅趣颂和谐
——读照波写竹、东士题款的《竹韵》有感 ······ 许美群 /113

赞照波先生画竹 ······ 黄国钦 /116

才子岭东来——说说电视人蔡照波 ······ 郑楚雄 /117

《渡你过海》序 ······ 吴国钦 /119

《渡你过海》序 ······ 雷　铎 /121

浮天鹤响　大化无方——读《蔡照波篆刻》随感 ······ 刘启林 /124

诗心　造印　灵性——记篆刻家蔡照波 …………………… 曹　辉 /128

性灵蔡照波 …………………………………………………… 孙淑彦 /131

刀·石·镜头与智慧——话说电视人蔡照波的篆刻 ………… 雷　铎 /134

由蔡照波的篆刻到其他 ………………………………………… 梁　江 /137

灵性与醉——蔡照波篆刻品读 ………………………………… 王璜生 /140

方寸间的灵性 …………………………………………………… 林桢武 /142

铁笔指处情自真——小记蔡照波及其篆刻 …………………… 余世福 /144

才子岭东来——记篆刻家蔡照波 ……………………………… 梁照堂 /146

诗贺"蔡照波书画篆刻展" ………………………………… 欧广勇 /148

兴酣挥刀刀意醉——《蔡照波篆刻》序 ……………………… 欧广勇 /149

情性中人——蔡照波其人其印 ………………………………… 陈广腾 /151

刀石情韵——《蔡照波篆刻》序 ……………………………… 苏　晨 /153

铁笔墨韵意超然——书画篆刻家蔡照波 …… 中国教育电视台大型纪录片《艺术中国》系列节目总策划：康　宁　主编：吕淑湘　编导：刘　慧 /157

贰

提升软实力的广阔空间
——南方电视台台长蔡照波访谈录 …………………… 杨芳秀　萧　野 /169

蔡照波：人性的东西是不变的 ……………………… 邢人俨　汪　青 /179

双面蔡照波：方寸间的创新刻度 ……………………………… 张　莉 /187

成长，我们大有空间
——对话南方电视台台长蔡照波 …………… 余得通　曾　瑜　韦聚彬 /193

蔡照波：南方电视的独特气质 ………………………………… 郭　春 /203

珠江频道营造岭南特色
——专访广东电视台副台长、珠江频道总监蔡照波 …… 陆景峰　欧启彬 /213

蔡照波走下奖台上擂台 ………………………………………… 宋晓琪 /218

颇具艺术情结的电视人
——记第五届广东新闻“金梭奖”获得者蔡照波 ……… 胡炜斌　刘胄人 /223

监制也忙也累也充实 …………………………………………………… 三川玲 /228

一半清醒一半醉——记广东电视台记者蔡照波 …………………… 宋晓琪 /232

一个文化品牌的诞生始末
——对话“南派纪录片”品牌首倡者蔡照波 ………………………… 郑　伟 /235

南派纪录片的追求
——对话“南派纪录片”品牌首倡者蔡照波 II………………………… 郑　伟 /240

叁

收藏印章、通晓篆刻艺术比鉴赏石头更重要 ………………… 许　悦 /247

书法价值逐步回归　乾隆帝成为最受欢迎书法家 …………… 许　悦 /257

明星、作家书法是否有收藏价值? ………………………………… 许　悦 /266

“方寸之间　气象万千”文人圈兴起篆刻印章收藏风潮 … 陆志霖 /274

附录

“蔡照波书画篆刻展”潮州开幕·西泠印社贺信 ……………………/285

“蔡照波书画篆刻展”潮州开幕·广东省文史馆贺信 ………………/286

“蔡照波书画篆刻展”洛杉矶开幕 ……………………… 黎　响　吴　疆 /287

“蔡照波书画篆刻展”纽约开幕 ……………………………………………/289

“蔡照波书画篆刻展”汕头开幕·萧晖荣致辞 …………………………/290

蔡照波艺事纪要 ……………………………………………………………/292

跋一 ……………………………………………………………………… 谢　耿 /296

跋二 ……………………………………………………………………… 蔡照波 /298

对艺术的挚爱和追求，能让我们在有限的生命里追求无限的生命之光，收获有限人生无限的宽度和快乐。

春雨 60cm×60cm 2012 年

壹

画。他的画又以墨竹居多，笔下的竹银钩入骨，力透纸背，隐约有一种不凡的气韵，颇有雕刻意味。

玩味他对笔下墨竹的命名，或曰“窃喜”“奋讯感慨”“心动竹动”“清风为谁起”，或曰“是晴是雨任君猜”“清风无私雅爱我”“看汝日抽三尺枝”“婵娟不失筠粉态”……文人意气，煞是有趣。

“他那种神韵，是一种毫无约束的状态，一种豪放、放任的状态，去表达墨竹在风雨中的神韵。”（许钦松）

“他画墨竹，在技法上已达到娴熟自如的境地，下笔已经很随意，得心应手。他的创作有艺术上的诉求，把前人积累下来的很多技法都能运用上，并能有意识地表达自己审美感悟。”（梁江）

“他寻求一种在传统法度底线之上的无拘无束、洒脱自然，好像全不在意，又深胜以韵。”（韩水）

熟悉蔡照波的人，都知道他爱喝酒画竹。酒酣时分，曾误将画笔沾入红酒杯作画，酒醒后发现画面别有情趣。自此，红色斑驳，朦胧醉态的酒竹成为他的笔下常客。

蔡照波说，自己并非迷恋喝酒，而是陶醉于酒意所塑造的醉态意趣中，使心灵摆脱纷繁的事物，进入忘我的心灵的癫狂状态，进入探求艺术的最原始的冲动状态。

人生大艺术　艺术小人生

“再愚钝的人，用上三五年甚至数十年时间，技术和技法上都能达到一个高度。而一个人走过人生三五十年，沉淀下来多少苦辣，快乐，幸福。这时候，再谈艺术，里面就有人生，人生里面就有艺术。所谓人生大艺术，艺术小人生！”

在蔡照波看来，技法只是入门的基本功夫，艺术到了最高峰，是人的综合修养和素质的体现。

道法自然

清风为谁起 68cmx138cm 2010 年

大学毕业后，蔡照波进入广东电视台工作，从一名普通记者，成长为频道总监，又成长为电视台台长。三十年忙碌于高强度的电视一线，工作并未削弱他对艺术的热情。忙完工作常常已经是月光满城，他索性点上一盏孤灯，在寂静中刻画雕琢。

公务缠身，蔡照波并没有大块时间做文章，他无法像专业艺术家一样追求完美，精益求精。很多作品都是他利用工作和生活的罅隙急就而成。所以常常被媒体问及，工作繁忙，如何平衡工作和艺术创作。

“我的确没有太多时间，在生活的历练中，我不刻意求工，而是追求大写意。在大写意里蕴含着一种浓浓的情感，这才是我所需要的。”

在他看来，电视工作与艺术创作之间，毫不矛盾，反而互相配合，非常完美。“我做电视，会用文学的角度去思考制作节目。而电视人会经常到处行走，行走带给我的艺术一定的速度感、动感。电视

湖山灵气

工作滋养了我的创作，这正是我的差异性和优势所在。”

“为官者心中要有江山，有万千气象，有不俗的视野。”

“这个时代赋予我很多公务和繁忙的应酬，只要有心就可以抽象出很多感受。陆游有诗，挥毫当得江山助，不到潇湘岂有诗？他人无法为我代笔，我的笔触有我生活的印记。”

谈话中，蔡照波很喜欢说：“我觉得也很好。”仿佛一切事物在他眼里？无碍。譬如一方石头，材质并不理想，但他并不放弃，继续雕琢，反而创造出它的美。这令他颇为得意，篆文曰“山高水长”。

“不要因为石头好坏而受到影响。而是经由这块石头，把自己的心境表达出来。”蔡照波说。

“生活中，蔡照波追求道法自然，对人对事，绝不苛求。而他处理工作，思维缜密，绝不疏忽。蔡照波为人质朴，以平常之心待人接物，修为才情令人称道。不滥交，谨慎，得体。他给人的印象，很有风度，很有分寸，得体但同时又给人很亲切很谦和的印象。”(王贵忱)

相识多年的老友雷铎，谈及两人的交往，从电视、文学及书法、篆刻、绘画，又及社会、人生。他始终觉得，蔡照波的细腻和粗犷、天然和雕琢，是其性格里两条不同的主线。这四种东西，对立的两组，十分神奇地在蔡照波身上融合为一。

蔡照波说，自己的艺术，开始求工，继而求内涵，求精气神，再求人文底蕴、人生阅历和综合素养的支撑。追索一生，也未必能定格自己的艺术风格，亦不愿意太早把风格限定。

中国篆刻两千年历史，秦汉、明清两大高峰，先贤辈出，文彭、何震、丁敬、邓石如、黄牧甫、赵之谦、吴让之、吴昌硕、齐白石等名家形成了一部篆刻史。而今日之西泠印社亦是群贤毕至，灼灼其华。在篆刻史上开宗立派、跻身历史并非易事。身为西泠印社社员蔡照波，并不放弃追求。

“在这个年代，有权有势有地位容易成名，但是下一代人，再下一代人，经过百年时间的淘洗，已不知道你是何方神圣，那时会真正从艺术的本源来评判你的作品是否值得流传下去。有人能赢得当下，但不一定能赢得千秋。”

帅府堂堂

蔡照波印外说印

一般在刻制一方篆刻作品之前，先要从篆刻的材料、印文的文字形态选择，要不要制钮，以及刻什么边款，还要从印石的形状、规格等各方面总体安排和构想，要做到事先考虑，胸有成竹。篆刻作品的布局过程，就是作者表达创意思维的过程，即所谓立意。是作者凝聚的匠心和要表达的意境，必先立意。内容不同，字数多少，材料形状不同，其方寸之地的布局处理也不同。但是方寸之地也如不同开度的纸张一样有空间可循，讲究工整均齐、均衡对称、刚柔并济、离合分并、疏密相生、宾主相衬、虚实相间。蔡照波公务繁忙，很多印章是急就而成。他说自己篆刻时，并不会想很多，常常凭感觉来。而分析这一笔从哪里来，那一笔如何雕琢，大都是事后追忆。他在创作灵感的推动下，并无时间条理清晰地构想，而事后看来，没有一笔无出处，没有一笔不是功夫。

急就尚觉有庙堂之气
未忍磨去
照波癸未刻

《湖山灵气》照波自鉴：

此印粗犷、写意，不修边幅。挥洒一点，与内容相吻合。刻印追求一点精神的沟通，要不然就不会太好。犹如印章要与画作搭配，一幅精美的工笔画作，假如用大写意的印章盖上去，真是风马牛不相及。

《帅府堂堂》照波自鉴：

此印为广州孙中山大元帅府收藏之作。我认为，统帅大气、粗犷，一人之下，万人之上，可以率性，

自擅一家无足道

不能是一个小人物。我所做之印，有民间粗犷之气，而不是宫廷煌煌、规规矩矩的气象。当然，也可以用中正大气的秦汉风格来刻此印，但这又是大多数人能想到的套路。

大师无常师，转益多师，才能成为大师。我刻印，向古人学点东西，向民间艺术学点东西，向边缘学科学点东西，向生活学点东西，汇聚在一起，说不清哪一笔来自于哪里，但我内心知道自有出处，知道有美，内心有实实在在的东 西支撑，所以我敢于这样表现。

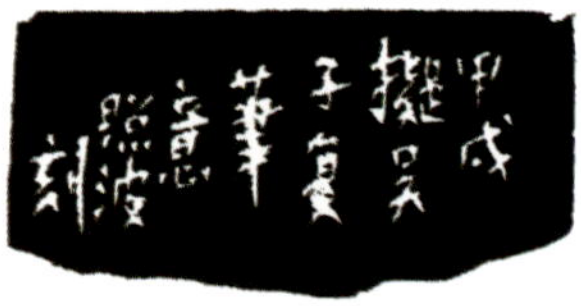

甲戌拟吴子复笔意　照波刻

《自擅一家无足道》照波自鉴：

读吴子复书法字帖时，我看到这句话，觉得很有意思，摘取出来，或留予自己或调侃别人。我暗自道，假以时日，我若能成一家，也没什么可以称道的。此印取吴子复书法笔意，即每个字的写法都是从其书法中来。错落有致，疏密得当。

《一个人在床上》照波自鉴：

这方印发表后，有朋友打电话跟我说，蔡照波你也太无聊了，一个人寂寞也用不着刻出来又拿出去发表吧。其实，此印是为友人所出的一本书扉页做点缀。书由专栏文章结集而成，写当下都市的人生百态，主要讲都市小女人的故事。

我觉得小女人经历了一些感情的沧桑，会有很多心酸事，因而印面有了些斑驳质感。

一个人，只有经历了极致的痛苦和快乐之后，才能返璞归真进入一种化境，那才是真正的精彩。

“一个人在床上”，篆书“上”字“人”字有多种写法，如何取舍，这就是审美。这里，“人”字我的取舍有点一个人慵懒地趴在床上之意，“上”字就是想象床上 的一点，取一点一横。当然，字的起源是这个理，但是有流变。不能一味对着象形解读，这样就会泥古不化。是这个理，但是不能

上善若水

事事都认死理。

《上善若水》照波自鉴：

友人张宇航在西藏救助贫困儿童，建希望小学，多年坚持，心底有所追求。我去过他去过的西藏林芝，他邀我刻一方“上善若水”。

这方印，上面空疏，下面紧实，边缘剖掉。上善若水是中国人的理想人格，水利万物而不争，水往低处流，故印面重心在下。在多种解读里，凭感觉都是对的。不用这么具象的解读，但总能找到一种愉悦的欣赏角度，就对了。

《十年一回》照波自鉴：

此印印文原为“千年一回”。这方印背后，有一个很美好的故事，我感觉真是千年一回。人世间所有美好的感觉都是相同的，让人有所向往期盼，却又未必能得到，如梦如幻，却又真实不虚。千年一回十分难得。在追求速度感的当下，千年一回太过久远，十年一回刚好。故琢成“十年一回”。

印文半月形，呈引弓之势，有动有静，颇具速度感。剔除边框，更有张力。在艺术上，我追求有二，一是残缺美，一是速度动感。

现实生活中，属于我们的是有限的。即便如此，能够在理想王国中稍作徘徊，便十分美好。谈到情感，谈到人生，谈到艺术，谈到千年一回，他人的经验和体验，未必要自己亲身经历，但可以代入，能够经由艺术体验一些人性中普遍的东西，十分美好。这是我的审美观。

（载《收藏/拍卖》杂志2015年第七期总第130期）

一个人在床上

丁亥照波刻石

胸无成竹　然后有竹

韩　水

中国画在拍卖行的行情总是不如古董和油画，但是蔡照波的国画墨竹作品从来没有流拍过。

历年的贺年挂历，也都少不了广东的这一杆竹子。很多文士名流，都喜欢在他的墨竹上面题词，可见画家交往之广，也可见各界青睐之深。

他的画作已经见诸国外一些名画廊和拍卖行，日本和韩国的书画名家也常有到广东向他求印，据说润格不菲。

蔡照波的名字最先见诸书画界，是因为他的篆刻。蔡照波早年投师著名古文字学家、书法家商承祚，得商老悉心指导；多年来与秦咢生、欧广勇等名家交往甚深，多有得益，自成一家。他的印章虽然有岭南派黄牧甫的余风，但已经脱胎换骨，开创自家风格。他寻求一种在传统法度底线之上的无拘无束、洒脱自然的感觉，好像全不在意，却又深胜以韵。当年广东省书法家协会主席秦咢生评价蔡照波的篆刻时说：“照波的篆刻在我省青年中是一流的。”蔡照波现为西泠印社社员，中国书法家协会会员，广东省文史馆馆员，华南理工大学，广州大学兼职教授，硕士生导师。

他的墨竹一开始之所以能够顺利地在芸芸花鸟画家中脱颖而出，也正是由于他从篆刻中带来的那种篆籀之气。

高竿垂绿 102cm×56cm 2012年

相传墨竹始于唐吴道子，经宋朝的文同、苏东坡，到宋末元初的赵孟頫、清的郑板桥，一路下来，各种表现形式，已经被古人用尽了。何况墨竹已经成为一种文化符号，不仅仅是一个画种，所以在此中求变求新就更加不容易。蔡照波的墨竹之所以不同于同代的画家，皆因其中的篆籀之气和抽象美感。篆籀味是中国最古老的审美意趣，抽象美又是当代前卫的审美本体，这两个极端在蔡照波的墨竹中却能够得到结合。

采访蔡照波是在一个初春的雨夜。当然，是画竹的好时光。

开一瓶茅台，访者和被访者碰上几杯。他说这是创作前必要的铺垫。

下笔，带着逆势抗笔的那种迟涩，笔道浑圆，笔锋居中，这是带着篆籀意味的中锋笔法。这种笔法来自先秦的篆书，线质圆融，给人以饱满、鼓荡之感。当年米芾评颜真卿《争座位帖》：“与郭知运《争座位帖》，有篆籀气，颜杰思也。”可见篆籀味的尊贵。带篆籀味的笔道，总体呈现出圆融畅达、端庄雅正、气度雍容的审美特质。这就是蔡照波墨竹的竹竿。

看看收在前些年出版的《蔡照波墨竹篆刻集》中的那张红竹竿的画，就是他典型的篆籀笔法。画面参差错落着一片竹竿，没有太多的叶子，很不“传统”，但可以品味到很现代的抽象美感，也可以联想到摄影大师亚当斯那几幅“白桦树”中疏密顾盼的意念。作者的审美意趣在这里有了很微妙的体现。

与习见的墨竹不同，这里的淡墨里面加上了一些红色，带了些许浅绛山水的那种欣然。据同道的人说：蔡照波的墨竹里带上红色，往往是哪天喝的葡萄酒，他把笔蘸到酒杯里带来的色彩。

照波画竹叶，笔端水墨极为饱满，运笔极为快速，放纵恣肆，似乎在宣泄着飞动的激情。怀素《自叙帖》有这样的描述：“兴来小豁胸中气，忽然绝叫三五声，满壁纵横千万字。”大概就是这样的状态。

读历代竹谱，自南唐五代的徐熙始，到宋的文同，顺延而下的吴镇、柯九思、夏杲等大家，大多行笔谨严，形态逼真，墨色浓润，沉着劲挺，此为竹画一脉。而自宋梁楷的《六祖斫竹图》始，至明的徐渭，清的李方膺、郑燮、吴昌硕等大家，则是用娴熟的篆书、草书笔法在生宣上写水墨，意态淋漓真率，而且布局高低侧欹、疏离顾盼、萧疏清逸，此为另一大脉。照波的师承，自然是后者，而论及笔墨的恣肆，他似乎更加亲近徐渭。照波是否临摹过徐渭，不得而知，但观其笔间，一派青藤气象。

大凡高手画一种东西，画到极致处，便派生出各种面目、各种情调。记得先前看他的老师欧广勇画松，俨然画出岭南派大山水的气度。现在翻看他的百十幅作品，如看明清写意花鸟，不作竹谱看。

看到其中几幅，照波插话说：去年在琉璃厂，见到一长安画派高人的画作，用笔粗率，构图清奇，心道，“此老心性与我同矣”，回到家来，铺开宣纸，便有了这几幅不同性情的作品。

随后的采访，录下了他的一些创作感言：

他说：“我们以前老是说画竹要胸有成竹，而我却说是胸无成竹，才能画好竹，就如金庸小说里的那个张三丰教完张无忌太极拳后问：‘你忘了这些招式了吗？忘了多少？全忘光了？好了，忘光了就可以上去对敌了。’文人画画竹也是这样，我们画的时候已经不是想到竹林里生长的竹子了，已经是文人画意义上抽象的‘竹’了。”

“我们以前老是说，要深入生活，要写生。那个是需要的，但不是根本，根本的是一种美的感觉，叫灵感、书卷气、文人味、抽象美都可以，那是一个作品深层的东西。”

“一个八十岁的剪纸老太太，剪的老虎非常生动，被请到北京中央美术学院教学，完了去动物园看老虎。她以前剪了那么多老虎，却没见过真的老虎，等她在动物园看见后非常激动，回家就拿起剪刀剪老虎，可是再也没有剪出来。”

“篆刻也不是工匠之技，一把刻刀就着一方石章，生命的韵律便融入这方寸之中，情绪也得到了疏导与排解。完成一方印章，往往意犹未尽，仍要闭上眼睛用刀柄铁棍往印面上再行敲打一番。看似破坏了完美，实际上却多了一份艺术上的完美。”

他认为：“现代画家不能老是耽在传统里面，特别是文人画画家。2008 年奥运，我们都在提‘地球村’这个概念，画坛也一样。东西方的审美意趣各自独立延续了几千年，现在已经到了交汇的时代了，东西方都有自己独到的地方，特别是抽象美的感悟，西方艺术有很多可以启发我们的地方。”

“画文人画要有一点放浪形骸之外的状态，心手双畅，才能气韵生动。但是人的神思经常会被拘束在一个地方，放不开，每个好的画家都有自己的方法去解放这些神思。比如傅抱石说，没有酒就作不得好画。这里的酒，就在于制造一种微醺的状态，把那种拘束形骸的东西去掉。”

据同道的人说，茅台瓶子和一得阁墨汁的瓶子永远放在一起，这是蔡照波画室的一景。他对介于清醒和酣醉之间的那种半醺状态很沉湎，说这是创作的妙有佳境。他的同道解释说，当年他在中山大学中文系的毕业论文就是《论苏东坡的出世入世观》，可见他一直就在寻找一种奇妙的中庸——在出世和入世之间，在醉与醒之间，在有与无之间，在完美与不完美之间，在古老篆籀和现代抽象之间……

（载美国《今周刊》2009 年 6 月 13 日、《当代名家印谱·蔡照波》2010 年 4 月广东教育出版社出版、《韩江》杂志 2010 年第 5 期、《南方心印·陈晓明　蔡照波　卢小根作品集》2012 年 12 月中国画报出版社出版、《蔡照波国画作品》2013 年 7 月岭南美术出版社出版）

多情可是怜高节　138cm×34cm

“岭东雅韵”——蔡照波

罗一平

照波先生的作品才情溢出纸外。他师从古文字学家商承祚教授，习篆刻，修古文字，为中山大学篆刻社首任社长，曾在多所大学讲授过印学史、篆刻等课程。照波的篆刻如诗，诗之美在意境。唐代诗评家皎然在《诗式》《诗议》中认为，诗境是“至丽而自然，至苦而无迹”。齐白石也说：“篆刻如诗有别裁，削摹那得好开怀；敧斜天趣非神使，醉后昆刀信手来。”照波的篆刻不见雕琢的痕迹，“境生象外”，呈现出一种“迹遗情忘，契入神悟”的意味，具有晚唐司空图所言的“蕴外之致、味外之旨”，故而有咀嚼不尽的韵味。照波先生能画，尤善写竹，以书法为画法，作品气象风抉翼振，势若裂云，然而不失于沉厚；写竹用笔八法兼并，顿挫、翻折、绞转、圆转互为转换，反衬出急骤运笔的律动感，显现出一种外欲敛而内犹拓的张力，于沉郁的笔调中鼓荡着一种奋发之情。

（载《岭东雅韵·西泠书画名家作品集》2016年1月骏荣文化艺术出品、《汕头日报》2017年12月23日、《品味》杂志2017年12月30日）

金石之度

王　干

经读书人之荐，近读花城出版社再版的蔡照波《渡你过海》一书，共有四章百余篇，历时十多年而得一书，仅六万余字，可谓金石之文，有金石之味亦有金石之义，其义再由金石之气而贯全书。

观现今散文，因无金石之气而拉杂冗长已蔚然成风，几无古代汉语余韵，却依了欧美译作中繁复的宫廷修辞格。一句话原本很简单明了，竟绕了数十字一口气读不下来。下一句话，还在绕关子，无书卷之味，更无与读者的关照共振。《渡你过海》一书之奇，奇在文章为短，最短一篇只有数十字，如一则短信。长则一篇也不过千字，如一曲咏叹。作者似是为碑石镌刻修文，言：是在编织柔软时光、放牧自我。时光会在世人忙碌的生活中无情流逝，抓住了其经纬之线，无情亦移情为我心，柔软可编，织成放牧大海的方舟，在波浪风雨中就可成为我心的歇脚驿站，再前行，再渡，是为度。

自古读书人著书，誉之为立言。孔夫子述而不作而被誉为圣人，但他还是编修了《诗经》《易经》《春秋》，仍算是立言了。读书人能立言，能有名言立于世是其人生目的之一。但随着古文字在5000多年前的成型，笔墨纸砚及活字印刷的普及，立言越来越阻碍重重。从家到群体、地方、国家，从草堂芥子园到故宫长城，从梅兰竹菊一草一木到春秋秦汉、魏晋南北朝、唐宋元明清，从《易经》

《诗经》到诸子百家，从《史记》到秦文汉赋、唐诗宋词、明清传奇，历代读书人，穷尽了世界万物，构建了浩瀚的汉语文化的海洋。《渡你过海》一书，可谓独辟蹊径，用金石般的语言，营构了一个汉文字谜屋。初读是一滴纯净水，再读则读出五彩来。令人称奇的是书中四章分别以四方计 16 字的古文字章，组成了阴阳两界，叙述了一位善饮者，从梦中的水乡出发去渡海，驾一叶扁舟，漂流到一个港岛，在那里度过一个奇妙的夜晚。接着，儿时串串足音，小木屋里飘来了一袭红裙，伴随她，又放逐到了粤东的山沟里，那是苦涩而不失梦想的知青生活。面朝黄土背朝天是在耕作，又不是在耕作，是用刀斧在一枚枚青田石上镌刻着“仓促的脚印”“迷途的感悟”“青春的驿站”“人生的诱惑”，将这一切赠给读者，并从一而发微：一把伞、一段弧、一条腿，一生二，二生三，三生万物，而为“人间三情”。这三情是《易经》中的咸，咸后即度。

平安天河

读蔡照波《渡你过海》一书，另一种读法，是精神上的契约，是李聃道法自然和释迦牟尼度一切苦厄的相对关系，形成了渡与度、此岸和彼岸的文本。蔡文可让人对着一块原始自然形态的石头，大呼这是阴阳的糅合，这是带血的凝聚，这是日月的精华，这是上帝的造化。只要你大叫一声，便是石破天惊！还可让人面对着李斯为秦皇作的泰山石刻，乾隆 140 余首诗的御碑，却可眼中无此物，只有飘忽缭绕在山间的云雾。抬望眼时，乃是汉武帝刘彻的汉石表无字碑。这碑让读书人想到了古人在 2000 多年前与帝王的契约，在泰山顶上，秦始皇和乾隆帝都写了与民众的契约，汉武帝无法写，便使这份合约书成为空白，留给后人去修撰。在汉武帝之前，文景二帝和汉高祖刘邦一直在与民众修订黄老契约，汉武帝要独尊儒术，怕世人不同意，怕站在身后的司马迁骂他，就留下了空白，以老子道法自然和佛家空无来写碑文。还好，今人没有刻上“到此一游”。这是读者对蔡文两篇散文的读法，也是作者对两块石头的读法。

读一部史和一本散文集，如同上了这艘船或那艘船，都是精神的自度。蔡文喻之同舟渡海，并以金石刀斧式语言，再以人生为木，凿出了一艘艘大船小船、扁舟方舟，供渡海者选择。是同船共渡，还是驾一叶扁舟自渡，任由读者评说。《渡你过海》一书于 1998 年初版，15 年后再版，自有道理。看蔡文，得其意旨是人生的关照和慈悲，这是文章永恒的母体，故而能再版；其语言至今看来仍很“潮”，其潮得力于古文中的金石之气，根基厚实，非流行语也；其形式即是今天的微博，而又非微博，力求一页纸一篇文章，用写广告语的精准写散文，如同当年海明威用电报语写小说；其义理是一文一事中，有你感兴趣的东西，而作者却发现了你未注意的另一种含义，使你感叹。雷铎说《渡你过海》，是其一读再读看得最仔细的一本文集，是以奇、以道胜了读者；是用金石精炼了生活的细节；是用刀斧勒刻了情节，将生活演绎到了极致。

先祖上观日月星辰，下察鸟兽足迹而得文字，用文字表达契约而成为文章，用铸刻形式公布于世而传承至今。人的自律意识不如蚂蚁蜜蜂等虫类，若无人与人之间的契约，这个世界会乱了套。古文中的契约是指一切法律条文和合同规矩。当代的汉字散文是由古文字而来，是大契约衍生下的一种精神契约。在历史的风化中，原来铜铸刀刻的鼎和碑被侵蚀了，被模糊了，便有了无数有识之士想修补，想重塑，便有了《渡你过海》一书，有了让读者耳目一新的 100 多篇散文，有了蔡照波拿了刻刀，新镌刻的四枚古文印。

家喻户晓的《兰亭序》是王羲之获得书圣之誉的代表作，也是古今散文的典范之作。其实，应是一篇修契文章，是一份合同的序言。无论什么时代，读书人自觉的精神契约和修契的努力，是社会得以平衡的一根柱子。渡你过海，无论是渡还是度，只有守护了和维护了精神契约的生态环境，才能从此岸到彼岸，才能心无挂碍，才能在文章中生出金石之气来。

（载《羊城晚报》2014 年 4 月 13 日）

竹梢鸣风醉意来

——蔡照波艺术印象

陈映欣

送君不可俗，为君写风竹，君听竹梢声，是风还是哭？若个能描风竹哭，古云画虎难画骨。（徐渭《题画诗》）

明人徐青藤的学问是一个诡异而华丽的庞大体系，捧读其文章诗赋，是对理解力的一大考验，譬如这首题画诗本身就是一个悖论：诗中一方面强调了墨竹的脱俗，但另一方面又感叹画墨竹的难度。因其“脱俗”，所以大家都萌生了表现“不俗”的欲望，于是历代画人嗜好写墨竹者层出不穷。但又因为“画虎难画骨”，所以历代鲜有“能描风竹哭”者。但无论如何，墨竹因其书写性和挥写的洒脱，具有无穷的吸引力，所以古今大家屡败屡战，几百年一路写将下来！

蔡照波就是“墨竹瘾君子”的其中一位。

久闻照波兄的文名、印名、画名，还有酒名，然而直至近年才略有交往。某日有幸应邀到其办公室一叙，未及落座，但见满墙尽悬墨竹作品，琳琅满目，令人恍若置身竹林，颇有清风绕身之感。照波兄谦言：平日里公务繁忙，书画篆刻只是业余爱好，兴之所至，信笔为之，不当正事云云。照波兄喜饮，善借酒力作画，以得其气。大凡画友酒后挥毫之作，每每狂狷有余，定力不足，激情澎湃之下，画笔时常有如脱缰野马，纵肆无度，经不起酒醒后推敲。然细观蔡

墨竹图 102cmX56cm

氏之作，潇洒挥写之间成竹在胸，于笔法、墨法等皆颇有心得，笔力遒劲，张弛有度，不失儒雅之态，奇哉！

依愚见，写竹之最难处，在乎得清劲俊秀之韵；然"清秀"过了头，又易失之于流滑，进而坠落为"流俗"——君不见坊间颇多"高手"笔下的墨竹，皆是此等货色！蔡氏之可贵处，就在于在追求清劲之风的同时，保留住画面的"拙味"和"涩味"。他画中的出枝和撇叶，在任意挥写的电光火石的瞬间仍保持着高度的自觉和控制力，竹叶的编织别出机杼，活泼而厚重，即行内人所谓的"留得住笔"。这其中笔性和墨性的修炼，大概跟蔡氏 20 多年的书道、金石素养有密不可分的关系。

蔡照波初涉印坛，应该回溯到入读大学之前。而其真正"得气"，还是始于就读中山大学中文系期间师承已故著名学者、书法大家商承祚教授，以及曾任教于广州美术学院的书法篆刻名家欧广勇先生。在两位严师的指导下，蔡照波以秦汉文字为起点，遍习明清以来各派诸家的篆刻艺术，尔后复于秦汉玺印中寻找形成自身风格的突破口，以及与当代审美趣味的连接点。笔者于金石之道实属外行，故此对书法、篆刻的学理脉络以及刀法运用方面未敢乱发谬论，以免贻笑大方。单从审美趣味来看，蔡氏在十几年前，即已确立了自身的刀法特征和美学追求。他的作品，总体追求朴茂大气，不求细腻工整，有的作品在森严雄健的同时，洋溢着天真的童趣；而有些作品看似逍遥自在，细细观之又自有"无规矩不成方圆"的约束，收放之间，颇为得体。谋篇布局在方正中求奇崛，在灵秀中又透出沉稳的力度，方寸之间，气象万千。难怪岭南书坛泰斗秦咢生先生生前曾夸奖"照波的篆刻在我省青年中是一流的"，对其评价相当之高。

蔡照波自己在一则艺术札记中写道："……一把刻刀

高山流水

就着一方石章，生命的韵律便融入这方寸之中，情绪也得到了疏导与排解。因为如此，累了苦了，却不会为着什么坏了真情性。”笔者相信此语道出了照波兄内心深处的声音。不言而喻，艺术追求对于如今身居高位、声名显赫的蔡照波来说，已经超越了追求功名利禄的层面，而复归到对本真性灵的寻找之路。年轻时的蔡照波，是一位纯粹的文学青年，具有强烈的理想主义情结。他的出生地——粤地潮州府，自古就是一片人文荟萃、人杰地灵的神奇之地。生于斯长于斯的蔡照波，天生具备过人的文学气质，思维活跃、才思敏捷。中大中文系四年的深造，更锤炼了他的传统学养，开阔了他的胸襟。早年还是广东电视台年轻记者和编辑的他，利用业余时间撰写了许多颇有见地和深度的艺术评论。据我有限的所知，其内容涉及书法、篆刻、美术、考据学等方面，字里行间呈现出作者清晰的思路、坚定的立场和精辟的见解，当然还有扎实的语言文字功底。毋庸置疑，假如蔡照波依照这条道路走下去，他完全可以在文学或艺术评论方面走得更远。然而生活弄人，他被推上了高层管理者的岗位，担当起更大的责任——人生的道路，有时不以个人意志为转移，机缘巧合在冥冥中左右着一个人的选择——作为一个省级电视台的高层，他肩负着大众层面的文化传播使命，这个使命（或者说工作需要）要求他在更广阔的领域发挥其才华和智慧，这其中的是非曲折和殚精竭虑，不是我们所能想象得到的。难得的是，在繁重且错综复杂的日常工作之余，在滚滚红尘的笼罩之下，于心灵深处，蔡照波依然保持着勃发的创作欲望，小心翼翼地守护着年轻时的初衷，沉迷于有如古佛青灯般寂寞的问道之路，这点确实甚为少见！

昔日徐青藤不容于世俗，故有“不俗”之风竹；今日之照波兄，春风拂面，意气风发，然内心仍存“不俗”之愿望。噫！此是前世未了因缘，抑或是命中注定？古风已逝，而今人心向往之，是何道理？浮尘之中，心何所寄？俊逸清朗、洞悉世相的照波兄，想必内心早已不拈花而微笑，只是我等愚钝之人不知道而已——此所谓众人皆醉吾独醒欤？

不写了，抽空也找照波兄醉它一回！

2008 年 8 月写于白云山西麓

（载《香港商报》2008 年 9 月 3 日、《当代名家印谱·蔡照波》2010 年 4 月广东教育出版社出版、《韩江》杂志 2010 年第 5 期、《书法赏评》杂志 2010 年第 6 期、《艺术家工作室·蔡照波》2011 年 10 月岭南美术出版社出版）

蔡照波：“无心插柳柳成荫”的艺术

雷雅男

蔡照波治印，也工书法，涉丹青，擅文章，而以绘竹最见洒脱。蔡照波的两栖人生，一为南方电视传媒的领军人物，执掌独领一方的省级电视传媒；一为艺术家，执刻刀，便如令旗在握，挥狼毫，即似沙场点兵，排兵布阵，进退合度。他游刃有余于两个完全不同的角色，蔡照波对此却不无快活地说：“挥毫当得江山助，不到潇湘岂有诗？”

采访蔡照波是在周一的上午，刚到他的工作室，就被他正播放着的音乐震住了，我们因为赶路而燥热的心立刻安静下来，胸襟豁然，神游情动。如此优雅的情调、悠远的意境，仿佛我们此时已置身于天涯海角，无欲无求……此时，我不禁想起了张怀懽的一句话：“独闻其声、独见其名。”再移目整面墙大的书柜，摆满了琳琅满目的书，大大的书桌，笔墨纸砚俱全，能够想象蔡照波挥毫时的风采，墙上挂着各种名家字画，时不时看一看也是养眼至极。

我很快就被墙上的一幅竹林图吸引住。明明是静态的画面却表现出动态的美感，微风习习，竹叶摇动，再加上嘤嘤成韵的鸟叫声，让人感觉心旷神怡。寥寥数笔，竹子的风韵便跃然纸上，有笔有墨，恣意盎然。蔡照波说这是他的得意作品之一，是在喝了酒的情况下创作出来的，而且其大部分作品也是如此，他说：“酒后有真气，醉里得菩提。”我们素知酒是文人、书家的良师益友。说到酒后创作，让人想起李白的“举杯邀明月，对影成三人”那无酒不成诗的境界；有着“吴带当风”美称的画圣吴道子，常常“嗜酒且利赏，欣然而许”，乘酒后昂奋之际，始振其灵笔；书圣王羲之，其著名代表作《兰亭序》便是他于绍兴兰亭喝酒时写就。蔡照波的绘画作品以竹为主，“仁者乐山，智者乐水，贤者乐竹”。竹不仅能悦目，亦能醒人，它高风亮节，虚心自持，神韵挺秀，风雅怡人，很自然地和人们的理想道德、审美观念不谋而合，成为君子贤人的人格与精神化身。我想这可能也是蔡照波喜爱画竹的原因之一。

赖茶品鉴

蔡照波的身份颇多，我问他最得意的是自己哪个身份，他说是西泠印社的社员。西泠印社是海内外研究金石篆刻历史最悠久、成就最高、影响最大的国际性艺术团体，有“天下第一名社”之誉，本土广东籍进入西泠印社的目前只有六人。在蔡照波进入中山大学进行系统学习之前，他篆刻的手上功夫就颇为深厚，并且就地取材，牛角、牙刷柄、有机玻璃、塑料杆都是他的篆刻材料。后来考入中山大学，经过商承祚教授的悉心教导，再加上自身的勤奋刻苦，终于自成一家。他的篆刻吸取了不少汉印的精髓，其风格古拙浑厚，又不失灵动洒脱，除了线条功力之外还在边框的创意上做文章，没有一个边框是完整的，借边、破边……在传统的基础上又有自己的审美特点。

我一直有一个很大的疑问，蔡照波的主要身份并不是艺术家，而是电视台台长，以不专业的身份做着专业的事情，甚至有着更专业的水平。电视媒体行业和艺术行业似乎是没有什么交集的，那么他是怎样平衡二者的关系？直到一个关于他的采访节目给了我答案，蔡照波说：“我觉得艺术要跟生活相结合，艺术要跟随时代的步伐，

长乐未央

作为一个艺术家，或者一个对艺术有追求的人，他的眼光应该关注到生活，电视行业给了我广泛接触社会的机会，这是一个很好的平台，这种社会的元素，会让我加深对艺术的思考，这种思考反过来也会提升我在电视方面的作为”。恰好应了那句“艺术源于生活又高于生活”。其实像蔡照波这样入仕为官又在艺术领域占有一席之地的名家，史上不乏其人，如被苏东坡称赞“诗止于杜子美，书止于颜鲁公”的唐代书法家颜真卿。可在当下滚滚红尘中做到这样，的确难能可贵。

蔡照波将文学、书画、篆刻打通，艺术于他的生活像交响乐，又像变奏曲。他画墨竹，不羁引以游处，是书法上的G大调第九十四交响曲《惊愕》，有一种不可抑制的力量，把音乐直接导入那光辉灿烂的终曲；他写文章，娴熟自如，得心应手，狂来轻世，赫然突出，则有点像D小调第九交响曲《欢乐颂》；他的书法，铁线游丝，失声看不及，疏则可走马，密则不透风，是C小调第五交响曲《命运》。这是我这几天通读他的一摞作品后的总体印象。

而整个采访过程中让我印象深刻的是蔡照波的一句话：“我在艺术领域的成就其实是‘无心插柳柳成荫’。”是啊，没有那么多浮躁的功利心，而是悠然自得地耕耘属于自己的方寸之地，这也是一种“非淡泊无以明志，非宁静无以致远”的人生境界啊！

（载《广东文化参考报•大美术》2016年第15期总1160期，广东省文联出版）

蔡照波：仗刀起舞　映白雪红颜

杨名宇

在摄像机后，透过镜头，他看到了人生百态。社会，是一个色彩斑斓的万花筒，复杂得不可想象。当镜头切换到他面前，似乎一切变得单调，单调得只剩下两种颜色——血红、雪白。虚实、正反、长短、大小、开合、起止、强弱、粗幼，夜阑卧听花开花落，闲来坐看云卷云舒，蔡照波把看到的悲喜、善恶，融入方寸乾坤之中，一方又一方，镂出铭心刻骨的印迹。

手执刻刀，便如令旗在握，大漠落日，沙场点兵，排兵布阵，进退合度。如闻将军令，吹角碧霄外，战鼓心中擂。兵车过处，留下道道朴野雄浑的线条。蔡照波治印，喜宗秦汉印，尤以汉将军印最为心仪。将军印为汉代武官官印，杀阵千里，军情万变，匆匆之下哪有闲暇揣摩再三？明代甘旸《印章集说》中曰："凿印锤凿成文，亦曰镌，成之甚速。其文繁难有神，不加润饰，意到笔不到，名曰急就章。军中急于封拜，故多凿之，以利于便。"是以将军印之特点，较之铸印更是率性而为，质野荒率，苍茫古拙而去雕琢之工整细腻。此风格与蔡照波从艺之性格吻合。自小他便是个率性之人。高中时期，潮州古城，蔡照波每日往返于校园与家宅，常在午时或傍晚见到一外地人摆摊刻印，招牌上写"五毛。立等可取"，生意竟也不错。蔡照波对此颇觉神秘，并自忖此不失为一谋生之道。自此由好奇而是对“水到渠成”最为直白的疏解。蔡照波治印，也工书法，涉丹青，擅文章，而以绘竹最见洒脱。蔡照波学画可从 1973 年算起，老师是民国时期上海美专毕业生，他希望学生从“四王”山水起步。蔡照波临摹古画之余亦画梅兰菊竹“四君子”，直至工作后，因过于忙碌，蔡照波只取“竹”借以畅怀。“竹最具人格品性，虚心自持，宁折不弯，绘竹，可映照自身。”蔡照波在中大求学修习古文字，对商老书法手摹心追，篆书讲求笔笔中锋，线条圆实劲健，存篆籀气。“中锋运笔写竹节最佳。”最令人称道的，莫过于蔡照波“往往醉后”绘风竹。他豪饮，举毫前必定畅饮数杯，兴来红酒当墨，挥洒纸上，一时酒墨横飞，潇潇洒洒，痛快至极。蔡照波说，酒后画竹，前人之法全然抛弃，悲欢散聚一律忘却，只写一己之精神，寻醉梦里，自求乐趣。

一方印，引领蔡照波从技术到艺术，再由印而入画入书，纵然是本职工作的电视传媒，方方正正的镜头里，也讲构图、用光、色彩，这不正与篆刻的分朱布白有异曲同工之理吗？昔年丁衍庸刻印，有时会用刻刀及小锤随意敲打印边及印面，偶尔甚至把印章抛高，让其掉下自然破损，平添意想不到之韵味。蔡照波自言，每每一印镌就，未免陶陶然大有“别人的妻子自己的印章”之叹。即便如此，仍要闭上眼睛往印面上再敲打几下，看似少了一分完美，实却多了一分天成。“数百方印，没有一方边框是完整的”，真率而绝雕饰。可见但凡豪爽洒脱之人治艺，总能叫人心醉。

（载《广州文摘报》2015 年 12 月 14 日“岭南名家”版）

挥毫依旧爱狂风 138cm×34cm

西泠印社社员、南方印社社长蔡照波

韩帮文

万家灯火正要一一寂灭之时，他才回到一间斗室，打开一盏孤灯，斟上一杯醇酒，拿起一方青石，手抓一把快刀。执刀有拔山扛鼎之力，运刀若风云雷电之神。刀起刀落，石破天惊，方寸之地便映出秦砖汉瓦的遗风。

他是蔡照波，一位资深媒体人，也是一位画家、书法家、散文家。

1993 年蔡照波（左）与饶宗颐教授（中）合影

饶宗颐对其捉刀才华曾给予鼓励

蔡照波的书房兼画室并不宽敞，也算不上豪华，几幅名家字画透着雅气，数方名坑砚石散着清辉，再加上排满书架的藏书，倒充实了少有的文人之趣。“似乎每一件清玩、每一幅字画、每一本书的背后都有一段故事。”蔡照波格外珍视这些往日旧忆，将此视为生命之所系。

一代国学宗师、西泠印社社长饶宗颐的一副对联特别夺目，上书“称心固为好，有情且赋诗”，笔势俊健，风致清朗。这是饶宗颐 20 年前赠送给蔡照波的墨宝。当时，蔡照波为其奔走组织了在内地的第一个书画展，请来关山月、赖少其等大家助场。饶宗颐虽不擅耕石，但对于蔡照波的捉刀才华给予了由衷赞许，“年轻人能有这样孤寂的追求不容易”，并鼓励他坚持下去。

画桌上摆放着一方圆形的砚台，侧身刻着他与文献学家、收藏家王贵忱合作的书画佳构，小字文气逼人，而画中的竹则摇曳生姿。早在1983年，两人便已结识，敦敦忘年交惹人艳羡。那时，全城很少有复印机对外服务，北京路的科技书店是一家。有一天，蔡照波去那里复印自己的篆刻作品，而王贵忱恰巧也去复印书信，两人一前一后排着队。这位中年先生瞥见那一方方的印文后，主动向年轻后生蔡照波打招呼：“这是你的作品吗？”蔡照波忙回一个“是”字。“很好。”王贵忱话不多，还邀请蔡照波去他家里做客。

岭南书坛泰斗秦咢生生前曾偶然一见蔡照波的篆刻艺术，也不吝美词大为赞赏：“照波的篆刻在我省青年中是一流的。”其后，他还抱病为其篆刻集题签。秦咢生爱才惜才，也曾亲自为蔡照波挑选送日本展出的篆刻作品。

大匠欧广勇的门庭亦留下了蔡照波造访问学的足迹，其朴拙雄浑、大气磅礴的书风早已深深落入蔡照波的眼底与心底。“每个时代有每个时代的审美风致。相比于清代的弱柳扶风，当下就应该上追秦汉厚拙朴茂之韵，重振阔大雄壮之风。”在欧广勇这里，加上自己在传媒业摸爬滚打的经历、大开大合的识见，蔡照波确立了自己的审美趣味。

商老教导“不学时人更不要学我”

在蔡照波与这么多前辈的交往中，不得不提起他与一代学术宗师商承祚的师徒关系。“商先生是我此生遇到的第一位篆刻高人，也是我走进篆刻艺术殿堂的领路人。”对于恩师的谆谆教诲，蔡照波自是一幕幕都清晰记得。

1979年，蔡照波考入中山大学中文系，师从商承祚先生。商承祚系出名门，堪称博学鸿儒，不但在古文字研究领域功力深厚，早已扬名在外，刀下功夫亦非常了得，篆刻炉火纯青，方寸之间尽显浓郁古风。本已封刀的商先生在教授古文字时，为了让学生领悟其中奥妙之处，便引入篆刻一课。本就技艺在身的蔡照波，自然很快脱颖而出。商先生见他手上功夫不凡，且勤学上进，遂细心教导，并一语点化。“商老指点我，技法游刃有余，但还不过是停留在技的层面，要想学有所成，必须技进乎艺、进乎道。艺术与技术虽一字之差，但差以毫厘失之千里。”蔡照波突然有所省悟。

1980 年蔡照波（左一）就读中山大学期间聆听商承祚教授讲授书法篆刻

在恩师指点下，蔡照波在洋洋大观的中国印学史中，避过六朝纤丽之病、唐宋妄怪之失、明清柔縻之弊，直追秦玺汉印，每逢金石碑文，无不沉醉其间。蔡照波追摹秦汉印的做法，也正应了“西泠八家”之一的奚刚的一句话，他在《冬花盦》一印的印跋中说：“印之宗汉，如诗之宗唐、字之宗晋。”

大二时，蔡照波被推选为中山大学篆刻社首任社长。毕业之后，治印兴趣延续不辍，商承祚对这位弟子的指导与提携亦顺及终老。1985 年，蔡照波停薪留职半年，全心投入考研，结果，专业课、英语成绩过关，而综合科则低于及格线。商承祚看到爱徒有名落孙山之虞，便直接给校方写了一封“关于录取蔡照波为硕士研究生的请示”。在这封信里，商承祚赞誉弟子是“多方面可堪造就的人才”。尽管蔡照波最终因为其他原因没有读研，但他对老师的恩情始终感念于心。

蔡照波念兹在兹的还有恩师留下的句句箴言。“养生最大的秘诀在今日事今日了”，“学艺应取法乎上，不要学时人，更不要学我，学了就死”。商老的这几句话放在当下，也会有振聋发聩之效。

一花一世界

闭目敲打只为破除印面板滞不化

收藏周刊记者翻看他积年出版的多部印谱，白文浑厚朴拙，朱文静雅工致，但都洋溢着朴茂大气与文人之意，兼具庄重与率性之态，又无怪僻巧丽之形。其格局疏而不散、密而不促，其线条肥不臃肿、瘦不枯槁，其细微处收放有度、挥洒自如。

“我不过是以刀代笔，凡字以中锋写出，务求有笔有墨。”每每一印镌就，蔡照波都难免陶陶然大有“别人的妻子自己的印章”之叹。即便如此，仍要闭上眼睛往印面上再行敲打几下。这并非是妄意敲击，而是为了破除印面板滞不化的弊病，以得神化。“看似少了一分完美，实却多了一分天成。”蔡照波坦认没有一方“完美”的印章，他的作品都存在着残缺之美。

他更乐意表达的是，这种“不完美”其实像极了人生，也犹如维纳斯的雕像——少了一条手臂，但激发了更多的想象力，艺术魅力浑然天成。

“一把刻刀就着一方石章，生命的韵律便融入这方寸之中，情绪也得到了疏导与排解。”在凿白刓朱之间，在杯酒瓯茶之旁，蔡照波独享人生的大自在。在他看来，篆刻教人以空疏之心去解悟人生，也就把一些东西看淡了。

蔡照波亦擅墨竹，其快意人生得到更充沛地挥洒。相传墨竹始于唐吴道子，经宋代的文同、苏东坡，到赵孟頫，再到郑板桥，已形成完备的美学体系，表现形式几乎用尽，再能有所长进实属不易。但蔡照波偏向虎山行，硬是要走出自己的审美道路。蔡氏画面蕴含的篆籀之气与酣畅之味，便是其数十年探索的结果。

“我读的是中文，干的是新闻。任是文学也好，新闻也罢，都要直面赤裸裸、活生生的社会现实。文学离不开怒与哀，而新闻更实在，未免让人把现实看得太重，甚至有些事情让你纠缠不清了，大有‘身在庐山’之叹。”在有条不紊的工作与生活秩序中，蔡照波执意要追求散淡率性的写意人生。

“醉时可抒情，酒后得文章。”《历代名画记》中说吴道子“每欲挥毫，必须酣饮”；画家傅抱石有一枚闲章“往往酒后”，喜在创作之前痛饮几杯，之后尽情挥洒。蔡照波作画亦喜以酒作伴。酒后的蔡照波，运笔迅疾、泼墨果敢，大概确实达到了“陶然忘机”的境界。但看其画面，可见风中竹、雨中竹、雪中竹，而静态之竹实属罕见，大抵也印证了蔡照波的快意人生。

（载《新快报》2014年8月10日）

追求人生的虚与实

——蔡照波和他的书画篆刻

陈焕升

一朱一白，一阴一阳，方寸间，“双修”之印虚实相连，阴阳相抱。蔡照波之印修的是形，修的是神，修的是实，修的是虚……游走于出世和入世间，快意人生，这便是蔡照波。

2014年7月24日至30日，受中共潮州市委宣传部和潮州市文联邀请，当代印坛名家蔡照波返乡举办“蔡照波书画篆刻展”。这次展览是蔡照波离乡30多年后首次回家乡潮州举办的大型个人展览，共展出了蔡照波近年来潜心创作的书法、绘画及篆刻作品90余件，是次展览，不仅给潮州人民带来一场艺术盛宴，同时也是蔡照波这位在外学子向家乡父老的一次汇报，让大家走近和了解这位从潮州西湖边走出去的才子。

“蔡照波书画篆刻展”由中共潮州市委宣传部、广东广播电视台、广东省人民政府文史馆、广东省文联、西泠印社、广东省书法家协会联合主办，潮州市文联、潮州广播电视台承办，南方印社、南方画院、水墨村协办。展览开幕式上群贤毕至、高朋满座，其中有：广东省委宣传部原副部长胡国华，广东省文联原党组书记蔡时英，广东广播电视台台长张惠建，广东广播电视台副台长曾少华，广东省文联党组书记程扬，广东省人民政府文史馆副馆长麦淑萍，广东

广东南方印社

省检察院副检察长黄武，西泠印社社委会副主任包正彦，广东省舞蹈学院党委书记韩安贵，广东省作家协会党组副书记孙丽生，广东画院党组书记洪楚平，《羊城晚报》副总编辑林海利，广东省新华发行集团党委书记洪文香，广东省政协常委孟浩，广东省书法家协会专职副主席纪光明，潮州市委常委、宣传部部长陈丽文，潮州市委常委、统战部部长徐和，潮州市委常委、副市长殷昭举，潮州市文联主席程小宏，潮州广播电视台台长伍茸，广东省原书法家协会副主席、广东省人民政府文史馆馆员欧广勇，西泠印社社员、广东省人民政府文史馆馆员郭莽园等领导和嘉宾共同见证了展览的开幕。

乙未春月　照波刻

山水有灵性，方寸见天地

此次展览是蔡照波全方位展示其艺术面貌的较大规模个展，谈及为何首次个人书画篆刻展选在家乡潮州举办，蔡照波坦言：“今日所得离不开潮汕平原浓厚文化氛围的哺育——自幼氤氲的潮汕文化，是我最初的艺术熏陶和艺术源头。能受家乡之邀办展览，在感到莫大荣幸的同时，也感到是自己将在外耕耘所学向家乡父老作一次汇报的机会。”

潮州这座历史悠久的文化古城孕育了国学大儒饶宗颐、摄影大师陈复礼、商界翘楚李嘉诚等诸多名人，而成长于潮州古城西湖边上的蔡照波，也得益于这方山水对其艺术灵性的滋养。童年忆记中的西湖山石刻、城河边荷花池中的小船、下乡时公社旁的竹海……在蔡照波的人生路途中逐渐演变成了他刀下的印、笔下的文和画中的竹。

少年求学时的蔡照波，正是偶然看到校门口篆刻工匠刻字为生的一幕，从此开启了博大精深的中华篆刻艺术的大门。多年勤学苦练，练就一手扎实篆刻功底的蔡照波，恢复高考后在 1979 年考入中山大学，并师从古文字学家商承祚教授。“商先生是我此生遇到的第一位篆刻高人，也是我走进篆刻艺术殿堂的领路人。”现已是岭南印坛中流砥柱的蔡照波，每每提起恩师，都以此话来铭记师恩。

在商老先生的悉心教导下，蔡照波顿悟了“工艺”和“艺术”的区别，实现了求艺路上质的跨越。

毕业后的蔡照波成了一名电视媒体人，然而他却并没有放弃对其醉心的篆刻艺术的追求。这一时期，在饶宗颐、欧广勇等艺术大家的提携指点下，蔡照波的篆刻技法日趋炉火纯青，他更将自己新闻从业生涯里的博闻广记、见识上的大开大合，融合投射进他的篆刻艺术里，引发了其更多的学习与思考：相比于清代的弱柳扶风，当下就应该追上秦汉厚拙朴茂之风韵，重振阔大雄壮之风。蔡照波的篆刻作品一改昔年在明清印坛中习得的程式化因袭，重新从秦汉玺印入手，寻求自身风格的突破口，逐步形成了个人篆刻风格。大者雄浑，小者雅致。格局上朴茂大气，不求细腻工整，细微处收放有度，挥洒自如。印面不拘阔窄，皆疏而不散，密而不促，刀法犀利灵动，盈盈一脉书卷气息，让观者甚为惊叹。岭南书坛泰斗秦咢生先生，生前曾偶然一见大为赞赏，不吝赞赏之词——“照波的篆刻在我省青年中是一流的”，其后还抱病为其篆刻集题签。秦老先生爱才惜才，还曾亲自为蔡照波挑选送日本展出的篆刻作品。

蔡照波在自己的文集中这么描述自己：“白天扛着摄像枪走在蓝天下，晚上则拿着刻刀游走于方寸间……”寻像器里的黑与白、方寸间的血红雪白，他独爱这让人看得真切的天地。

以篆入画，写竹养德

篆刻是蔡照波走上艺术之路的基石，然而艺术之门向他打开后，这位才子便一发不可收……他将在篆刻艺术中所学所得，带到了他的墨竹画中，以笔代刀……

历代文人皆喜墨竹，唐有吴道子，宋有文同、苏东坡，宋末元初有赵孟頫，再到清的郑板桥……墨竹俨然已经成为了一种文化符号，而其表现形式更是几乎被用尽，所以想从中脱颖而出并非易事。然而，蔡照波的国画墨竹作品在拍卖行却从来没有流拍过。常人多以书法入篆刻，即以字入印，蔡照波却是以篆刻入书法，即以印入字、

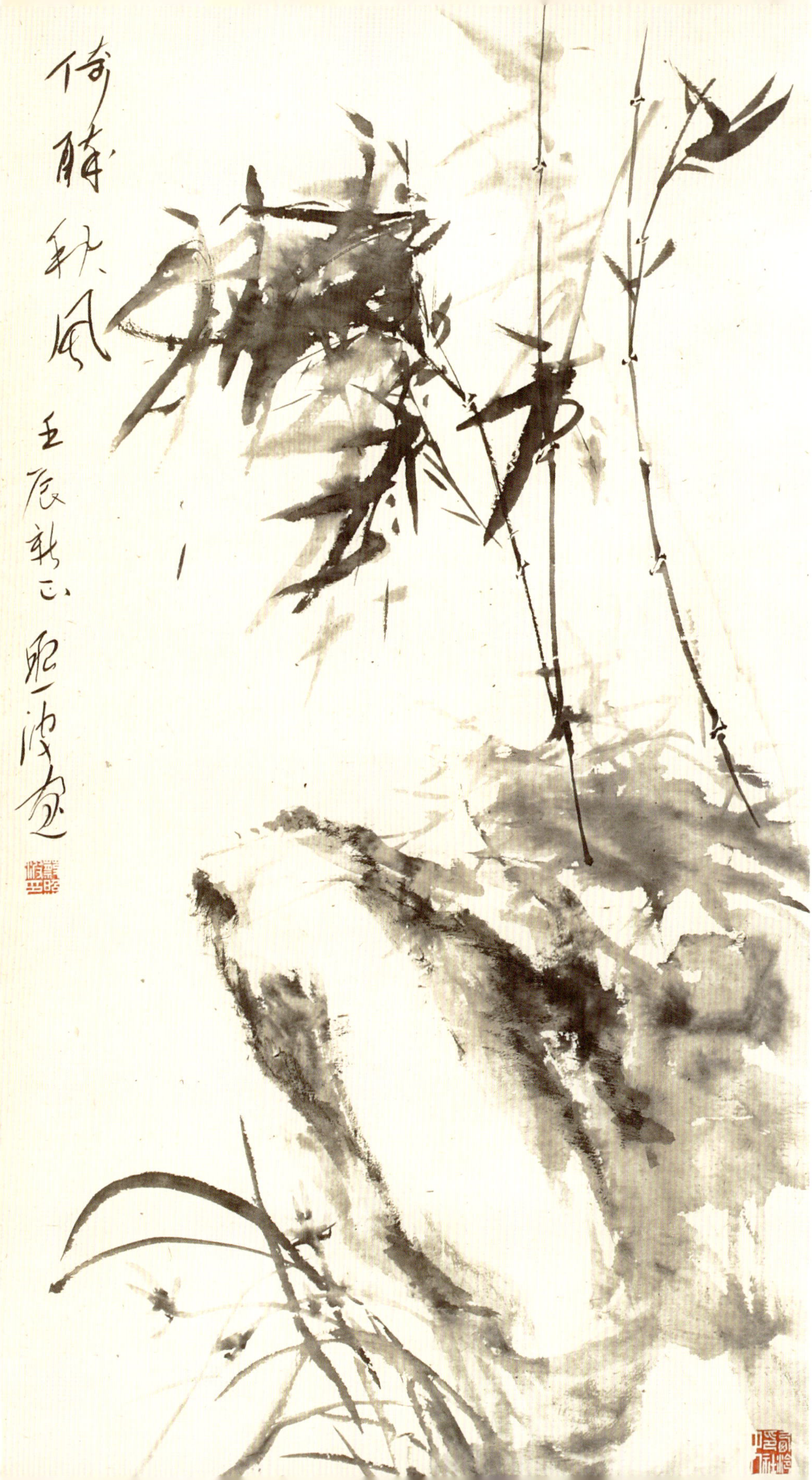

倚醉秋风　102cm×56cm　2012年

清风 138cm×34cm 2011年

以篆入画。他的墨竹作品中所携带的篆籀之气，让他的画在当代画坛占有一席之地。

谈及为何独爱画“竹”，蔡照波称其为心灵和精神的载体，历代文人颂竹之虚心、气节、向上……这便是他人生对德之修为。观其作品，侠义之骨傲立，出叶厚重得来灵气跃然，犹闻风声嬉戏其间，竹迎风舞却不凌乱。这便如蔡照波的人生写照。

每当夜深人静时，公务繁忙的蔡照波独爱远离现实的喧嚣，回到画室，伴着孤灯美酒，挥毫而作……其笔端水墨饱满，运笔极为快速，虽放纵恣意，然笔力遒劲，张弛有度，墨竹迎风而立，银钩入骨，力透纸背，构图和而不同，极尽儒雅之态，又有刀锋之力。人常言“胸有成竹”，他却言“胸无成竹，然后才有竹”。在他看来“画竹如同习武之人修行的招数，最高境界其实是胸中无招，不受束缚，所有对竹的具象之美演变为抽象之美，下笔时，竹竿和竹叶之美态便能油然而生”。蔡照波的“画竹论”，深含禅学意味，也让人感受到了他在泼墨写竹时，那份酣畅人生的快意……

“我读的是中文，干的是新闻。任是文学也好，新闻也罢，都要直面赤裸裸、活生生的社会现实。文学离不开怒与哀，而新闻更实在，未免让人把现实看得太重，甚至有些事情让你纠缠不清，大有‘身在庐山’之叹。”于是，现任广东省广播电视台副台长的蔡照波，在肩负着大众层面的文化传播使命的同时，以常人所不能及的热情和毅力，在艺术之路上不倦求索，他在这次展览的前言中写道：“因为艺术教人以空疏之心去解悟人生，也就把一些东西看淡了。如此，累了苦了，却不会为着什么坏了真性情……”

从潮州这座历史文化古城中走出来的蔡照波，血脉里流淌着潮人的实干和拼搏精神，也同样保留着文人那份对美和真的艺术追求……

（载《时代潮人》2014 年第 3 期）

以静养心　以心撰文

——《渡你过海》读记

刘美真

在安静的光阴里读书，无需芳草盈阶，无需鸟语独幽。夜色渐浓，独处静室，远离了职场的纷繁利诱，远去了都市的灯红酒绿，心中筑起高高的藩篱，窗外花影扶疏，安静清美。

择这样安静的一隅，手捧一盏暖暖的清茶，静享一曲悠悠的乡音，以一颗素素闲闲的心来品读，来清赏蔡照波先生的《渡你过海》。灯下的文字浅浅淡淡，笔下的情怀浪漫柔韧，徜徉于如诗似画的文海间，独醉于细嗅满纸芬芳的惬意中。

我惊叹于作者惜言如金去繁就简的笔触，惊叹于作者处处留白余音三分的文风。每章每节，三分流水，二分花香，寥寥数笔，境界全出，卷有尽而意无穷，给人以无限遐想的空间。

掩卷深思，感动满怀；一读再读，爱不释手。正如雷铎先生所说的“如鱼饮水”是也！蔡照波先生的《渡你过海》，不愧为一部静心之作！

岁月如禅，人生也如禅，一切皆出于心而入于心，此间，岂一个“静”字了得！静者心清，静者心旷，沉静是心灵最好的陪伴。喧哗之世，世人皆去随波逐流，唯有静者，方能坐在经年的对岸，以一双慧眼去静观江海的起落沉浮，以一颗禅心去诠释人生的五味杂陈，潮涨潮退，不惊不喜，从容淡定，作者是也！

王维说“雨中山果落，灯下草虫鸣”，此境非静不可得。静中生禅意，静中生智慧，唯有静，方能在风雨声中找到一种超越时空的美；唯有静，方可在花落飘零的年轮之后去追寻一种岁月沉郁的沧桑美。作者是也！

善饮酒者

一个人，行进在纷纷扰扰的尘世间，需要一种明朗的态度和宁静的心灵来支撑人生，唯有心静方可心安，唯有心安方能细嗅岁月的芳香，细酌人生的苦乐。作者以宁静之心，从一物一事一景绎人生至理，颂人间真情，不违心，不刻意，不多言，不多语，诗情画意，安详妥帖，禅也道也！

心静，方能弃浮华，绝权欲，潇洒达观，脾胆魂魄皆冰雪。以静养心，以心撰文，一个人的文字才有清气满纸，芬芳满笺。作者以一支素笔，或寄思，或遣怀，或寓情，或绎理，让读者在阅读之中去斟酌，在阅读之余去回味，如此，非静心之作所不能达也！

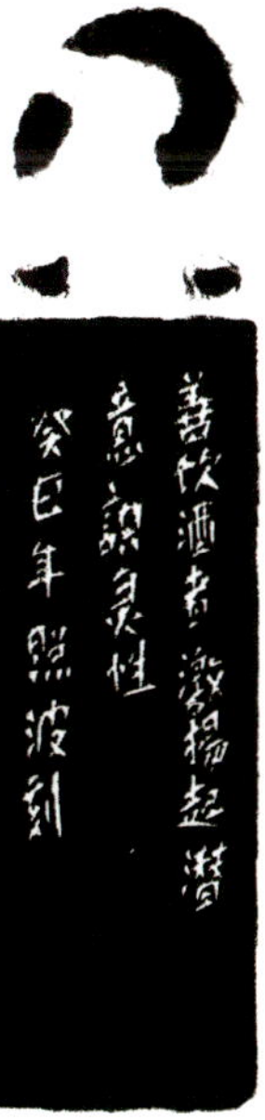
善饮酒者
激扬起潜　意识灵性
癸巳年照波刻

心静，方看得见天堑浮云，方听得见深潭落叶。行走在这个喧喧闹闹的世界里，作者能以一腔热血，一双慧眼，一颗静心，一种大智，去聆听沁人心脾的高山流水，去诉说暖人心田的柔韧情怀，去解悟司空见惯的人生百态，微言大义，回味无穷，挥之不去。

浮躁的人生必然轻飘，沉静的人生方能厚重。光阴荏苒，人生匆匆，在这个繁华而纷扰的世界里，只有把心沉下来，给自己一个宁静的空间，才能感受曾经的过往，才能守住自己的本心，才能用睿智的目光内视自我外观万物。用心去仔细留意生活中的每一个细微之处，方知什么是一花一世界，一木一浮生；方知生命中除了向前跑，还有急流勇退的闲适美和很多种其他的快乐值得我们去回忆，去领悟，去珍惜！

在蔡照波先生的笔下，许多人，许多事，原本只不过是人生激流中一朵微不足道的小浪花，但在作者丰富的内心、浪漫的情怀和细腻的笔触之下，却显得那么的值得回味和珍重。人生五味俱全，一切都值得我们去回味！

以一颗静心一份清欢细细品读，时时刻刻都能感受到作者是掬一把烟火流年，在寂静的时光里拆开细数人生的五味杂陈。岁月，一丝温暖一丝寒；人生，一丝微苦一丝甜。

读罢蔡照波先生的静心之作，细细回味，人生恰似梦一场。一转身，已然山长水远，沧海桑田；一回眸，却又情怀依旧，花月静好。一些人，一些事，叫人一生难忘，它是逝水流年里最暖心的陪伴。

古人云："流水之声可以养耳，青禾绿草可以养目，观书绎理可以养心，弹琴学字可以养指，逍遥杖履可以养足，静坐调息可以养筋骸。"静心之作，是心灵最熨帖的陪伴，是心灵最清润的滋养！

浮华之世，欲静不能。每个人的心中，都应为自己保留一方净土，供疲累的心灵小憩，如作者！红尘中纷纷扰扰，一个人若能独依青林下，悠然静看一本好书或是结庐松林间，从容安渡一生岁月，安静一生，清美一世，该是何等的好境界！

我想，只有内心保持宁静的人，才是最有力量之人。人生最曼妙的风景是内心的淡定与从容，是情感的丰富与细腻，是头脑的睿智与清醒。有一种好的心态，方能时时与美好不期而遇，如作者！

2014 年 7 月 11 日深夜

关于蔡照波

林桢武

双修

当你在向人谈起某一个人的时候，眼前总是出现一种表情，或者某种模糊的细节。在我的印象中，蔡照波是豪爽的，在他敏捷的动作和清晰的思维中，他总是给人以阳光的感觉，他爽朗的笑声无处不在。

蔡照波平时热衷看武打片，这不能不使人感到意外。他的内心深处有着江湖侠义的一些情结？或者他是在寻求着强大的心灵慰藉？但他毕竟是有着典型文人生活方式的书画家，艺术是他生活的重要部分，他所有的生活空间，卧室，包括办公室，都设置着画桌，笔砚印章，还有篆刻刀随处可见，像大多数书画家的画室一样，充满着凌乱和宿墨散发出的陈腐味。我曾经在他家中与他喝酒到深夜，由他一手打造的精致的居室，把空间运用到了极致，据说还曾经上过报刊的家居设计版面。

蔡照波是典型的才子。他出生于潮州古城一个平常的民居中，他有着潮州人的精明和细致，具备超凡的驾驭纷繁生活的智慧，一路左右逢源。在他看来，没有所谓的难题，一切都在他洒脱的生活态度中得以化解。书画创作对于蔡照波来说是轻而易举的事情，他常常是唾手可得，他的毫端无不挥洒着自由的畅快，无论是绘画还是篆刻，兴之所至，顷刻即成。事实上，蔡照波属于性情中人，艺

今朝破土出 138cm×34cm 2011年

术是他美好人生的向往而已。我有时接到他的电话，他大概正在泰山之巅，被那些石刻所感动，他向我传递着难以言表的激动，我知道这是他的兴趣点，他的爱好使然。蔡照波是当代较有影响力的篆刻家，他同时是具有诗人气质的作家，近年来他又潜心于国画创作，一经涉笔，便相当的可观，他的才情得到很大程度的发挥。当代国画呈现出不同的形态，国画的当代性也显得更为突出，但对传统笔墨精神的坚持仍然是主流方向。把书画当成寄情的方式，当成人生修炼的途径，不仅是一种审美认知，更是对个体生命体悟的珍视和尊重。蔡照波的国画无意于在题材的丰富上作文章，他寻求以至简至纯的笔墨表达自我，他的清旷、闲逸，直至疏狂，都在他的写竹上一览无遗。他选择墨竹这种符号作为他国画的载体，在这种看似简单的形式中，建构他的绘画理想，在这里可以找到他笔墨修炼和人生修养的全部。

传统文人画对“逸品”的推崇，强调无意为之乃佳，不斤斤于求工求似，以达到淡然天成，清代恽南田所谓“不落畦径，谓之士气；不入时俗，谓之逸格”。蔡照波的信手挥泼暗合了前人的主张，他的墨竹常常逸笔草草，不作太多的计较，自然天成，不难看到徐青藤、陈白阳、石涛、李方膺的影子，大多率性而为，以一吐胸中块垒。然而，他的随意是建立在严谨的笔墨锤炼上的，他的用笔充满浓厚的金石气息，这得益于他的篆刻根底。然而，在看到他貌似闲逸的写意中，我们仍然可以感知他流露出来的一种情感的冲突，强烈的寻求心灵突围的愿望。他一方面力图借助笔墨的抒写得到心灵的片刻安宁，一方面又表现出不安和躁动，表现在这个较为浮躁的社会中，他复杂的情绪。

蔡照波早年得到金石学家商承祚先生的悉心点拨，在古文字学上打下深厚根基，他的书画的演绎来源于这个基点，这种典雅的学人风气深刻影响着他的艺术，也决定着他的从艺之路。他的画是才人的画，也是学人的画。近来，蔡照波的画显得更为空灵，透露出浩然气质，真气弥漫。他以湿润的墨色，诠释着当代岭南情怀，他的画实则呈现岭南国画的风貌，以独特的清逸之气、灵动意韵，成为当代岭南画坛的重要补充。他所追寻的大气磅礴的艺术精神有力地印证了他的艺术高度，他是一种存在，一种独立的存在。

（载《潮州日报》2014 年 7 月 22 日）

仁者寿

四十载耕石不辍　方寸间笑傲印坛

——印坛名家蔡照波篆刻艺术之路

赵鹏飞

不管你信与不信，这世间有一种人，他们的人生道路上，总是埋伏着许多个偶然。所有看似不经意的偶然和邂逅，冥冥之间，终是要造就出一种不凡。当代岭南印坛，就有这样一位大家——蔡照波。从一介书生修至印坛名家，四十年从艺路上，一杆铁笔挟裹着的机缘巧合，终成为岭南印人口口相传的一段佳话。

少年求学时，蔡照波偶然看到街边篆刻工匠，替人刻字为生，刀起刀落，不过一盏茶的工夫，印章立等可取。由此沾染，得空时便杵在一旁细细观摩。稍有心得，塑料制成的牙刷柄、几块手感温润的顽石，都成了他练习篆刻的入门物件。闲暇时，他也能替人刻字篆章，且颇受好评。

人怕专心，事怕专注。博大精深的中华篆刻文化的大门，假一个路边工匠之手，向这个潮州少年开启了。偷师练得一手过硬篆刻基本功后，数年知青生涯，蔡照波耕石不辍，刀法日臻娴熟。1979年，蔡照波入读中山大学中文系，师从商承祚教授。商先生是岭南的大学问家，不仅学术功力深厚了得，一手篆刻更是炉火纯青，刀下朴拙灵动，古风浓郁。

又是一个偶然，本已封刀的商先生在教授古文字学时，为了让学生领悟其中奥妙之处，便引入篆刻。一众学子牛刀小试之后，技艺在身的蔡照波，即刻脱颖而出。商先生见他手上童子功不凡，且勤学上进，喜出望外之余，遂细心教导，并一语点化：照波篆刻技法纯熟，却属工艺一路，从工艺入艺术，仍须博学而笃志，切问而近思。

“商先生是我此生遇到第一位篆刻高人，也是我走进篆刻艺术殿堂的领路人。”早已是岭南印坛中流砥柱的蔡照波，常常以这句话来铭记师恩。

商先生系出名门，博学鸿儒，蔡照波后生可畏，资质不凡。这一对师徒，一个不吝赐教，倾囊相授，一个求学若渴，孜孜不倦。教学之间，岭南篆刻艺术文脉得以薪火相传。

得先生真传之后，蔡照波一改昔年在明清印坛中习得的风格，重新从秦汉玺印入手，每每遇到名家笔帖、金石碑文，无不沉醉其间，刀指并用隔空刻画，临摹比对精读参详，渐得个中三昧。

“西泠八家”之一的奚冈，在《冬花盦》一印的印跋中说：“印之宗汉，如诗之宗唐、字之宗晋。”蔡照波从篆刻源头探索之余，并未放弃对当世的思考。大学毕业之后，他入行从事新闻工作。其时的中国，改革开放之风旋起，南粤之地得风气先。新闻记者，无疑是距离改革大潮最近的观察者和记录者。书法家常言笔墨当随时代，于篆刻而言亦是如此。投身其中的蔡照波，日间奔走在各个新闻现场，热火朝天激情万丈；夜里，回到斗室，一把刻刀，一方青石，一本印谱，一杯清酒，秦砖汉瓦上的古朴典雅，唐风宋雨里的润物无声，都在方寸之间酣畅淋漓。工作之便，因缘际会，又得饶宗颐、欧广勇等南派宗师轮番提携

尽消尘俗思全清 138cm×34cm 2011年

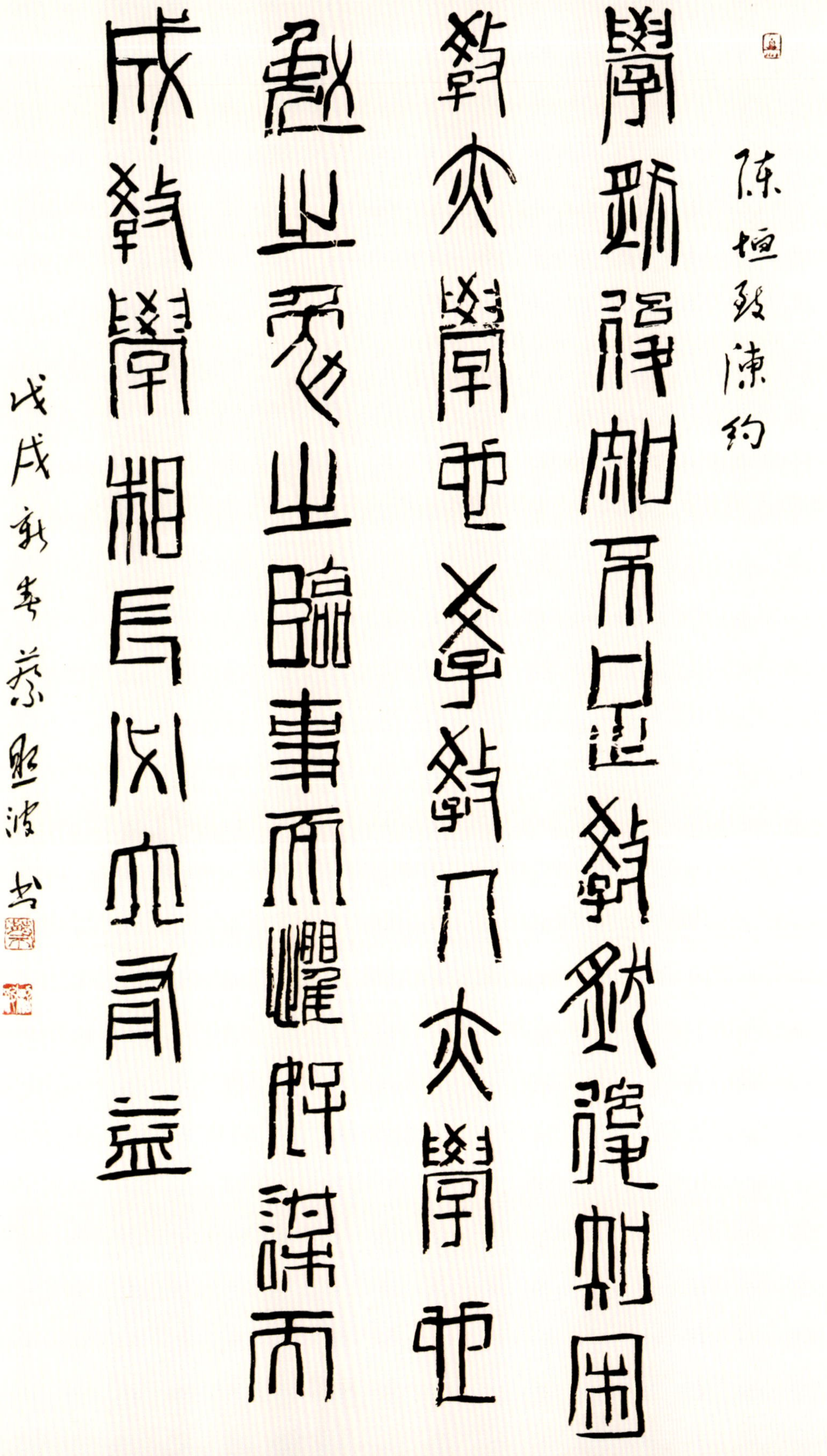

学然后知不足，教然后知困。
教亦学也，学教人亦学也。
勉之勉之。
临事而惧，好谋而成，
教学相长，必大有益。

陈垣《致陈约》
95cmx180cm　2018 年

观照波篆书《岳阳楼记》有感

刘大鹏

腹里文章刀下功，
酒酣意气自不同。
笔墨纵横锋似铁，
布局雄浑势如虹。
登斯一楼赏古月，
精骛八极写洞庭。
三百年后论此书，
西泠名士续兰亭。

作于2014甲午年夏夜

拈花指　笔墨香

巫丽香

多年前，我在龙川县佗城镇采访，接到广东电视台《珠江纪事》栏目制片人郑晓旭老师的电话。张口，便给了他一脸的哭腔。那时我正筹备一档反映客家历史文化的纪录片栏目，一个人兼策划、编导、撰稿和剪辑，每天拼死拼活地累，他的关切，激起了我深藏日久的委屈。郑老师安慰说，等栏目开播那天，一定到场祝贺，末了，加了一句：到时把我的领导也叫上。郑老师话里的意味，是要对一个很多人没抱信心的事物，给予信心。

郑老师说的领导，就是蔡照波先生。那时，他任广东电视台副台长，分管的其中一项工作就是外宣。栏目开播那天，蔡先生果真出现在了仪式现场，清瘦的个子，玉树临风的模样，脸上的笑，如寒夜燃起的柴火，温暖明亮。那样的笑，令人不自觉地收起隔膜和敬畏，误以为是邻家兄长。

今年5月，因母亲遭遇医院误诊一事，我打电话冒昧烦扰蔡先生。面对电话那头哭得稀里哗啦的人，蔡先生满头雾水，好言相劝，叫我发信息细述。那是我人生中最艰难的一段日子，一家私立医院将没有鼻病的母亲诊断为有鼻息肉，然后手术切掉了她的下鼻甲。我在卫生局、律师所、医协会等部门来回跑动，路越走越黑。虽然我也求助过其他媒体的朋友，但得到的都是悲观的答复，他们的苦衷是，私立医院作为本地有名的企业，总有千丝万缕的关系。在我四处奔走时，私立医院反向单位告状，说我利用媒体为自己谋利益。已是五月天，被手术折腾得不成样子的母亲躺在床上，穿着厚厚的毛衣，总是怕冷，口干。一个好端端的人，被挨上一刀，却只能白白认挨。要咽下这样的委屈，并不是我的心性，而要揭露医院的黑心行径，讨回公道，除了天真和一腔对母亲的爱，我一无所有。在那些暗夜，我不止一次地流泪。在那通对蔡先生的电话哭诉中，我似乎哭尽了所有的绝望。

在信息中，我向蔡先生大致说了事情的经过。不久，南方电视台《今日一线》的记者联系了母亲。事情在新闻播出那刻得到了逆转，最终医院向母亲赔偿并致歉。事情了结，身边的亲友瞠目结舌，不是结果太坏，而是结果太好。他们，和千千万万卑微活着的人一样，如果轻贱，那么就选择沉默，忍气吞声。受害的母亲看似赢了，我却连微笑的心力都没有。唯有对蔡先生出手相助的感激，在心间生出温暖，让我继续相信世间的美好。

而后几经犹豫，终于在初冬，我和爱人去了一趟南方电视台。车子在电视台门外兜转了几圈，才敢拨出他的电话，本想等电话通了后，说一声感谢就离开，谁知电话里溢出了暖暖的声音。于是，在一间不大的办公室，我再次见到了蔡先生。四周墙壁挂满书画作品，桌上砚盘新开，一团浓墨还在，他和一位画家朋友正挥毫泼墨。拈花指，笔墨香，满屋洁净清扬的气息，令人心醉。

再次谈话不再令人抑郁。

他问：我们之前见过面吗？我点头称是，心下却一惊，原来他并不记得六年前的见面。也难怪，那时他在台上，我在台下，如何认得？我凭一面之缘求助于他，而他的帮助，不过是古道热肠，无分陌生与熟悉。临别，蔡先生将他的篆刻、书画、文学作品集热情相赠。他在扉页上写“巫丽香同道雅评”，我站在一旁，明知他是鼓励，却无从言语，生生蹦出一句：我回去写读后感。

看蔡先生画里的竹，疏密有致，风雅不凡，不染俗物，令人生

山高水长

汉满白古静尔雅
一路穷追极难
照波刻并记

出清净之心。这是直接的观感，而非来自专业的鉴赏。于篆刻，我更是门外汉。唯有对于他的散文集《渡你过海》，可以做一个虔诚的读者。他笔下的一草一木，一事一人，羁旅行走，如沙里世界，掌上乾坤。某个启示，某种深味，想要深究，已戛然而止。灵动自在、飘逸放任的笔调散布在字里行间，生出点点禅意，犹如莲花不着水，日月不住空。

在文中还总能不经意地读到诗意的文字，想来，中山大学中文系毕业的蔡先生，随手拈诗的功底又如何少得？句子则多是两个字的形容词，一腔胸臆排山倒海地过来：“波斯湾，人们捕鱼、采珠、卖香料。阿拉伯半岛，沙漠上，骆驼驮着旧行囊慢慢地走。白袍、黑袍与黄沙……”简洁、跳跃，以高于事物的姿态，写意地写实。“看山不是山，看山又是山”，这种哲学况味，便是文字的最高境界吧。

文以载道，文如其人，散文尤是，它承载着作者的生活阅历、思想深度。在蔡先生的笔下，找不到家长里短柴米油盐、小我圈子里的自怜自叹。入他法眼的，多是天地万事万物。看那开阔的眼界和胸怀，看那灵光一闪的文字：“山都那么高了，还是地平线。”“人生大艺术，艺术小人生。”

喜欢他的《追寻高棉的微笑》，一个荣华富贵的王朝，在丰腴中开出绚烂的宗教艺术之花。只是，杀戮来来去去，生死来来去去，“雕像浅浅的微笑仍在，是对数百年人世间充满灾难、疾病、饥荒、战争静穆沉思的微笑，是从现世萦绕的苦难卑微里升华出来的包容了爱恨，超越了生死，澄静的美的微笑”。这样的句子，是如此动人心弦。原来，执着，需要用生生世世的时间，看透，却只是刹那。

喜欢他的《海不扬波》。“这是能够产生海市蜃楼奇观、能够孕育‘海上有仙山，山在虚无飘渺间’这等传说的一片海，或许因着这片海博大得深沉，博大得有如此内涵，方不轻易扬波澜了。”我又想起在他办公室时，手上的包不小心放在了一张晕染了墨水的宣纸上。他急急地用手去抚包底的墨迹，一边擦拭一边说，小心呵小心。出了门口，仍不忘嘱咐，一脸歉意：回去记得把包上的墨迹洗净。我羞愧难当，想说那包是商店清仓时淘来的，却一句话也说不出来。他高看一切，把自己低到尘埃里，犹如广袤的大地，厚德载物，因而拥有更多。

对于蔡先生的艺术造诣，如我，是高山仰止。可是我想对他说：我多么喜欢他在扉页上写的“同道”两个字！

2013 年 11 月 14 日于河源

也蕴含着发展的可能性。当然，这既需要创作的努力，理论也要跟上。艺术到了一定层面，理论往往决定艺术还能走多远。现在，我们岭南就缺理论的支撑。

收藏周刊：对于将来岭南篆刻的发展，您认为还有哪些问题需要解决？

蔡照波：还是人才的培养吧。据我了解，暨南大学、广州美术学院等院校开设了相关课程，但好像都是选修课，辅助性的。如果高校能设置篆刻专业，很多学生也愿意去学，岭南篆刻的生机才会延续下去。

（载《新快报》2013年1月6日《收藏周刊》）

圣诞夜观照波画竹

刘大鹏

2013 年 12 月 25 日为西方传统的圣诞节，当晚，与蔡照波相约于办公室左侧画室共度圣诞佳节。酒酣之余，照波画墨竹两幅，其一为《青竹伴石图》，其二为《朱雀绕林图》。两图虽立意不同，然旨趣相通，相辅相成，珠联璧合。翌日，忆照波作画情景，作诗一首，以记其事。

繁星闪烁圣诞松，
茶香四溢画堂中。
青竹伴石抽新节，
朱雀绕林觅旧踪。
瑞生一言皱秋水，
照波数语沐春风。
且盼冬去雪化尽，
梅香凌寒入画屏。

青竹伴石图 138cm×34cm 2013年

朱雀绕林图　67cmX134cm　2013 年

蔡照波：艺术中的真性情

朱求真

一位媒体人、一位画家、一位篆刻家，一位散文家……一个人拥有这么多身份却能将每样都做到极致，让记者惊叹之余更对此人产生了极大的兴趣。在一个阳光明媚的下午，记者走进了南方电视台的办公大楼，踏进了集篆刻、绘画、文学、电视艺术于一身的南方电视台台长蔡照波的办公室，在文人墨香之气中感受他的艺术人生。

老厝情结

蔡照波属于文人才子那一类，讲话都带着几分散文味。蔡照波告诉记者自己出生在有1600多年历史的潮州古城，古桥、古寺、古塔、古祠、古府第、古民居遍布老城区，城区的西湖景色迷人，西湖池碧波荡漾，古城民风古朴，恬静淡然……蔡照波出生在西湖边一间老厝，家里的门窗雕龙画凤，老厝与西湖间由一条斑驳的石板路相连，屋后是蕉园，院里有口井。他的散文集《渡你过海》深深渗透着浓浓的乡情："老厝，有一口古井，深深沉沉，如长年酿着的一坛酒，等待游子的归来。当上空白云飘飘渺渺，我便把盏，喝着淡酒，读着闲书……"，"岁末作故乡行。客老厝，感悟旧物，时光仿如凝固……"

不得不感叹于潮州这迷人的山水、浓郁的人文氛围，当年老厝中走出来的一个少年，今天成了一个集书画、篆刻、文学、电视艺术于一身的电视台台长。

墨竹瘾君子

“送君不可俗，为君写风竹，君听竹梢声，是风还是哭？若个能描风竹哭，古云画虎难画骨。”（徐渭《题画诗》）诗中一方面强调了墨竹的脱俗，但另一方面又感叹画墨竹的难度。因其“脱俗”，所以大家都萌生了表现“不俗”的欲望，于是历代画人嗜好写墨竹者层出不穷。但又因为“画虎难画骨”，所以历代鲜有“能描风竹哭”者。

蔡照波就是“墨竹瘾君子”的其中一位，其办公室中挂满了各种墨竹。蔡照波画竹，在追求清劲之风的同时，保留住画面的“拙趣”。画中的出枝和撇叶，看似在任意挥写，却画出了一种别人无法效仿的灵性。

蔡照波告诉记者，高中毕业后，曾有过一段时间比较空闲，一个偶然的机会，他跟老师学画国画，山水初学“四王”。后由于工作繁忙，改画写意“君子画”，偏爱墨竹。苏东坡有诗云：“宁可食无肉，不可居无竹。无肉令人瘦，无竹令人俗。”自古以来，竹与梅兰菊被称为“四君子”，深博世人爱意，成为一种人格品性的文化特征。打开《蔡照波墨竹篆刻集》，蔡照波的墨竹图清新明净，竹竿修长见上进之势头，竹节凸显露顽强之气节，竹叶风姿绰约，充满灵动。这其中笔性和墨性的灵气，大概跟他20多年的书道、金石素养有密不可分的关系。

篆刻人生

潮州迷人的山水、浓郁的人文氛围，铸造了他的诗性情怀和艺术天性。早年见老师作画时常用两方师祖王个簃篆刻的图章，竟对篆刻产生了浓厚的兴趣，此后，便与篆刻结下了不解之缘。蔡照波考上了广州中山大学中文系，缘于篆刻艺术，他得到了中山大学中文系教授商承祚的悉心指导。四年的大学生涯，蔡照波选修古文字，攻读文史，锤炼篆艺，写诗赋词，历经磨砺，驾御文字笔画的能力、表述文字含意的技巧日渐娴熟，并被推举为中山大学篆刻社首任社长。

对于篆刻，蔡照波有自己的不凡见地。他在一篇篆刻艺术的随笔《西泠梦》中写道：“咱们岭南，自晚清黄牧甫两度来穗之后，虽产生有李尹桑、邓尔雅、冯康侯、黄文宽等不少有成就的印人，惜多数都在黄牧甫的面目上向极致发展而已。毕竟，艺术的生命在于创造而不在于因袭。”岭南书坛泰斗秦咢生生前曾夸奖蔡照波的篆刻“在我省青年中是一流的”，评价甚高。蔡照波现为西泠印社社员，多次担任“百年西泠”大型篆刻创作活动的评委，可见其在篆刻界的地位。

蔡照波曾在一则艺术札记中写道：“一把刻刀就着一方石章，生命的韵律便融入这方寸之中，情绪也得到了疏导与排解。因为如此，累了苦了，却不会为着什么坏了真情性。”不言而喻，艺术追求对于如今身居高位、声名显赫的蔡照波来说，已经超越了追求功名利禄的层面，而复归到对本真性灵的寻找之路。

（载《香港商报》文化东方周刊 2012 年 4 月 16 日）

马思聪回响曲

遵嘱为马思聪回响曲一书配印
大铮方家雅正　照波刻

一枝一叶总关情 134cmx67cm 2015年

天然“去”雕琢的“波兄”

李铉洵

现任南方电视台台长的蔡照波常常被人以“波兄”相称。这个“波兄”的称呼有点来历：有一次，当蔡照波急匆匆迈进一个饭局时，广东电视台台长曾国欢大叫了一声“波兄”，即刻引来笑声一片。我们的“波兄”也乐呵呵地跟着叨念道：“欢哥和波兄……”

初识蔡照波时，知道他出版了一本散文集，遂闹着要他送书。在他的《渡你过海》一书里，我读到了一个诗情才情兼具的“波兄”，实在难与他的行政职务连在一起。

第一次走进“波兄”的办公室，我怀疑是不是错进了一个艺术学院院长的办公室：里面除了堆积如山的书本、文件之外，雅致的字画、印拓挂件几乎成了无缝粘贴的墙纸，边上一张大长桌既是小型的会议桌，又可作篆刻泼墨的创作坊。

“波兄”对篆刻书画的爱好已到了如痴如醉的地步。记得有天午饭过后，他兴致勃勃地拿着一份报纸进我们办公室，亮给同事们看上面一小幅竹子的国画，脸上那份得意犹如小孩子得了个奖状。我没大没小地揶揄了他：“蔡台，你电视都没少上去露脸，就这报纸上的小豆腐块也能让你高兴成这样？”他倒没生气，慢条斯理地说：“电视是工作职责所需嘛，这个可不同，喜爱的东西能得到别人的认可是多高兴的事儿。”

元亨利贞

如果周末我们回来加班，经常能碰到“波兄”也在办公室，要么是在伏案批阅文件，要么是在敲石头搞篆刻。时不时就可见壁上有新作的更换，那是“波兄”工余醉心创作的成果。也许是对写作情怀的难以割舍，当时台里每月一期的《电视编播实务》刊首语他都不假手于人，必定自己执笔。“波兄”沉醉于此，也成就于此。他现在是西泠印社的社员，是学院的客座教授；他举办过个人篆刻展，出版过三本篆刻书，竹画被印制成挂历，作品多次在拍卖会上被高于市场价拍走……

雷铎在《渡你过海》的序中说过：“蔡照波的细腻和粗犷、天然和雕琢的二重性，始终是我对他琢磨的两条主线。按理说，这四种东西，是属于对立的两组，不可能比较完整地融化于一个人的身上的，但蔡照波做到了，这是很奇怪的。”

矛盾与统一是一种驾驭自我的艺术，“波兄”就是以天然之心“去”雕琢出那么浑然天成的魅力，也就不足为奇了。

（载《羊城晚报》2011 年 7 月 21 日）

艺海无涯　诗意人生

——记南方电视台台长、广东省文史馆馆员、西泠印社社员蔡照波先生

许美群

书画缘，十几年前读大学时我就认识了蔡照波先生。此后，我便成为他府上或台里的常客，当时蔡氏在业内和艺界已具有相当的声誉。近日得知他晋升为南方电视台台长，同时篆刻新集《当代名家印谱——蔡照波》出版发行。照波先生现为广东南方广播影视传媒集团副总编辑，南方电视台党委书记、台长、高级编辑，中国电视艺术家协会理论研究会副会长，系西泠印社社员、中国书法家协会会员、广东省文史馆馆员、广东省作家协会会员、南方画院副院长、广东作家书画院副院长、岭南书法篆刻艺术研究会副会长，也是华南理工大学、广州大学兼职教授。

认识照波先生的人，首先都知道他是一位出色的电视人。蔡氏早年中山大学毕业后分配到广东电视台工作，从此他与电视艺术结下不解之缘。他从扛起摄像机的“走地记者”开始做起，先后在电视台的社教部《学讲普通话》《观众之友》《事事关心》等栏目做过，后来他担纲并任总监的《社会纵横》节目蜚声海内外，继而又策划《夜倾情》《珠江纪事》《文化珠江》等栏目，这些都成了知名品牌。蔡氏在电视事业上的荣誉不计其数，曾获得“中国新闻奖”“五个一工程奖”“金鹰奖”“金梭奖”等 30 多个奖项，近年还获得“中国最具社会责任感传媒杰出人物”“2008 — 2009 年度中国地面频道

2012年9月24日，南方电视台党委书记、台长蔡照波出席在北京中央电视台新址举行的第十二届全国“五个一工程”颁奖典礼并领奖

经营管理十大人物”等荣誉。现在照波先生调任南方电视台并出任台长，这是广东电视事业的需要，也是上级对他工作的肯定。我对电视业务不甚了了，但在与他交往中，可以看出他对电视艺术的虔诚和敬业。也是他这种对事业的专注和投入，才使他监制的栏目收视率不断攀升，也使电视艺术的文化效益、经济效益和社会效益都丰收。照波先生在电视理论也有创新之处，他认为电视作为一种媒体，传达的不仅是新闻，还有娱乐、资讯等多方面的信息，是一门综合性艺术，需要各门类艺术作支撑。电视区别于其他媒体的是娱乐性、可视性、直观性，相对于其他媒体，是一个新型媒体，相对新媒体，如互联网，是一种冲击。在电视领域里，既要专业化又要求有广博的知识，单一的知识难以提升到一个新的境界。因此，从事电视事业的人，需要具有多方面的修养，去滋润事业，成就事业。近年他出版了不少论著，如《中国电视新闻评论类节目发生和发展探微》，还主编了《社会视点》《高端文化访谈》等，这些鸿篇巨论浇铸着他不少汗水和心思。

十几年来，我每篆刻一方印章，都会到蔡氏门下请益，因而对他的篆刻艺术较为认知。蔡氏中学毕业时跟随岭东书画名家黄家泽先生学习国画，他看见老师作画时常用两方师祖王个簃篆刻的印章，就这样对篆刻艺术产生浓厚兴趣。经过几年篆刻基本功的磨炼，他已经能够不用打稿在几分钟内刻就一方印章。而真正对蔡氏篆刻艺术起重要影响的是中山大学古文字学家商承祚教授。1979年他以高考文科大潮汕第三名的成绩被中山大学中文系录取，因而有幸受业于商承祚教授。在商老的指点下，他真正步入篆刻艺术的殿堂。后来又得到岭南书法篆刻名家欧广勇的指点，这样蔡氏师承多家，请益各方，形成他自己的艺术面目。百年名社，印证西泠。在海内外潮籍人士中，中国书法家协会会员的不乏其人，蔡氏也位列其中，但能加入西泠印社的为数不多。西泠入社要求诗、书、画、印皆能，在海内潮人中至今只有4位社员：赖少其、陈大羽、郭莽园、蔡照波。而狭义的潮州区域，只有蔡氏一人。他的篆刻艺术，书画名家关山月、赖少其、饶宗颐、吴南生、王贵忱、刘江、陈振濂、余正等甚为关注，有的为之撰写评论，有的题签书名。秦咢生老先生生前曾对他评价过“南粤印坛终有才俊现”。他的篆刻作品曾在广州、潮州、台湾、日本、马来西亚等地展出，出版过的篆刻专集有《蔡照波篆刻》和《当代名家印谱——蔡照波》，主编有《百年西泠·世纪经典·中国印——华南赛区海选参赛精品集》《首届墨如今·古典诗歌·诗书画印创作大赛作品集》。他还经常应大学之聘，讲授印学史、篆刻等课程，把篆刻这门古老的艺术深入浅出地传授给学生，让学生在美的熏陶中潜移默化地接受知识，各得所益。

关注书画拍卖市场的人都知道，近年照波先生有印章和墨竹活跃于拍卖市场，其中墨竹常以高价位成交，这也透射出藏家对他作品的青睐和艺术价值的肯定。蔡氏画竹注重对传统笔墨技法的继承，并对郑板桥、蒲华、吴昌硕尤为究心。他博览名家画作，濡墨挥毫写竹，汲取传统精华，滋润绘画艺术。与此同时也在不断寻找新的灵感，他写墨竹，完全凭借其天赋及对艺术的悟性，恣意挥洒中直抒胸臆，写出墨竹新精神，铸造自家面目。在他的作品中，无论是一枝数叶，还是修竹成林，都呈显温文尔雅、清癯疏朗、虚怀若谷、高节凌云的格调。观其作品，会有风声过处，竹影婆娑，如闻弦萧之清音，琴瑟之雅韵的感觉。他的墨竹写的是一种精神，一种别人无法效仿的灵性，可以说，墨竹是蔡氏艺术性情的一种自然的表露。在他创作的墨竹中，我们可以感受到画家以墨竹为寄志抒情载体，创造人文内涵丰富的人、竹、清、逸的艺术世界。照波先生出版有《蔡照波墨竹篆刻集》《蔡照波画竹》等专著，在他的作品中有名家蔡东士、雷铎、周国城、郭莽园等的题款，可见诸家对他艺术的欣赏和认同。

吉祥如意

一半绿荫一半玉 138cm×34cm 2011年

我在和照波先生的交往中，也了解到这位当年康乐园的高才生还是美文的行家里手。他曾赠与我一本散文集——《渡你过海》，可以说在我所涉猎的文学类书籍当中，这本书是我品读次数最多的一本。近期也在报刊看到他发表的《域外散曲》，深切感受到他一如既往的文学情结。蔡氏的散文多取材于游踪掠影、情感体悟、童年小趣、故乡情景等。他的散文凝聚着际遇和情怀的灵性结晶，作品中有儿时潮州古城开元寺前的点点屐痕和护城河边的阵阵荷香，有追忆秦淮河昔日繁华的遐想和目睹黎族人“刀耕火种”的情景，有威尼斯宽阔水域和温哥华片片枫叶，有梦中弹奏着生命的和弦和领受到人生淡淡的惆怅，等等。他文章的字里行间流淌着情感的道道音符，倾诉着生命的次次体悟，充溢着浓郁的诗意和禅味，总让人参悟到心灵的一片澄明。

人生要在一个领域有所成就很难，而照波先生在电视、书画、文学领域成就斐然，这更是难能可贵。鉴于照波先生的突出贡献，广东省人民政府欣然于2008年8月聘请其为广东省人民政府文史研究馆馆员。岭南这片沃土曾经培育过多少杰出人才，其中照波先生应为时代的精英，这位集书画、文学、电视艺术于一身的南方电视台台长，以他诗一般的情愫描绘一页又一页人生，他又在一个新舞台，纵横捭阖，讴歌人生。

（载《华人美术报》2011年6月22日、《潮州乡音》杂志2011年第1期）

临波照影萧萧竹

——记南方电视台台长蔡照波的艺术世界

周常平

一竿竿挺秀俊逸的墨竹，或迎风而啸，或傲然而立，或承露而润，或雨中昂挺，或似排箫般错落有致，吹醒追梦人的迷蒙。而上边的一方方印鉴，或雄秀，或劲逸，或恬淡，红黑白三位一体，营造一个和谐的美景，一片无尘的灵魂栖息地。

有人读出它的坚毅，有人品味它的虚心，有人赞叹它的神韵，有人敬仰它的凌风斗雪。它脱胎于父亲手中多情的笛音，或者，它植根于一根五千年的文化链条，当优游者心理的脉络应合着斑斓的历史天空的风云，那支萧萧之竹便从胸腔中透出，恣意凌霄，长出万般气象。在汕头举办的书画展中，这一片黑白的天空引来了多少驻足者的赞叹和深思，那是书法符号的体现，是生命质感的再现，是升华于大美之上的灵魂轨迹，是走上朝圣路的每一个铿锵音符。

在有轻风穿过的墨竹林中，有个人迈着雄健的步伐，向我们走来，自信从容。

风，从墨竹的那一头吹过

他是谁，他为什么孜孜于黑白红之道，每一笔一画，有何种思想的洪流在漫溢？他是广东电视台的副台长，珠江台的掌门人，蔡照波。他来自历史名城潮州。少年的他曾经在多少个美丽的月夜，聆听父亲为母亲吹奏起那缭绕心头的乐曲，纯净的韩江，古老的韩城，都一并融进那雾样的朦胧与婉约，挥之不去。他外儒内道，致力于电视事业的蓬勃发展，为珠江频道的繁荣发展，为坚持弘扬岭南文化，强调广式化、特色化，为这个美丽城市，撒下更加美丽的花朵。

在《自画像》中他说，多彩的人生，多姿的世态，一例在我的寻像器里抽象为黑白：黑白的人生，黑白的世界。所谓铅华剥尽留下素朴……我爱这黑白的天地——让人看得真切。

在漫长的旅途中，在静静的黄昏后，翻弄蔡台的画册，在浓淡相间的水墨中，没有色彩的喧哗，却富于灵性气韵，高标远致，予我种种出尘之思。郑板桥说竹，"瘦劲孤高，是其神也；豪迈凌云，是其生也；依于石而不佑于石，是其节也"。竹何曾只是一竿竹，竹也是蔡照波精神价值的写照。文，画，印，其实都体现一种担当，所有的艺术种类渗透其间，构成特立独行的竹之内质。

在《抚风》中，饱受风雨考验的墨竹不再是被动者，而是主动出击，为阅尽沧桑的风送上自己的抚慰，表达凌霄者的气度。在另一幅作品《亮节》中，错落有致的竹竿，既是排列整齐、斗志昂扬的战士，又像奏响时代强音的音符，演绎着电视人蓬勃的精神风貌。抽去了丹青的纷扰，墨竹的黑白之道，简单深刻，意蕴无穷。

历史总在缓缓碾过，有的留下了故事，有的留下了诗，有的留下一条通往朝圣的路。

而照波滤去色彩的墨竹，适合作为人们在感觉生命之重时精神归隐的好去处，使精神的海洋显得更加幽深邈远，也使一个人在社会的洪流中不单是独自享受无边的水光帆影，也通过艺术的创造自觉成为一个思想的导引者。

风，还在继续吹，连同那来自林间的无比温柔的黎明，那阵阵墨香，柔化了一颗颗易感的心。

印鉴，天光云影共徘徊

作为西泠印社五位广东籍的社员之一，为促进岭南篆刻艺术的发展，他刀和笔双管齐下，为方田引来天光云影，共开岭南新风。“我读的是中文，干的是新闻。文学离不开怒与哀，而新闻更实在，未免让人把现实看得太重，甚至有些事情让你纠缠不清了，大有‘身在庐山’之叹……人生不就追求那么点味道吗？……于是我认了苦与涩，有了泪与累，又于是，我拿起了刻刀，一把刻刀就着一方石章，生命的韵律便融入这方寸之中。”

“人生大艺术，艺术小人生。……这方寸的天地，也只有两种颜色——血红雪白。”

血红与雪白相间的世界是隐遁与兼济的协奏，是文字、书法、雕刻与底蕴的结合，是学养与思想的熏陶。

在篆刻艺术上，照波心追手摹潜心探究于方寸之间，在秦玺汉印的传统中“积学”，建构一个属于自己的精神家园。作为西泠印社的社员，他的篆刻既尊重传统，又不拘泥古法；既敢突破陈规，又不失法度；师古人，师造化，他取法多方，涉猎广泛，吸各派以及当代篆刻高手之长，形成自家面目。

观其印鉴，注重线质与气势，结字稳健匀实，用刀或锐锋侧冲，淋漓痛快；或背线涩行，起伏剥蚀。开合有度，或典雅清秀，或肆放豪雄，满目珠玑，异彩纷呈，展示了作者坚厚扎实的传统功力和求变的、敏锐的艺术创作思维。

篆刻，于蔡台来说，绝不仅仅是偷得浮生半日闲的抒情写意，更多的是他在这方试验田中的思索和人生感悟的外化。

朱文：“自擅一家无足道”“无我”“君子以自强不息”，以浑然天成的魄力，使印面效果饱满挺拔，内力充盈，而边款“无我艺术之大境也”等，都一并

依依似君子 138cm×34cm 2011年

2008 年 10 月 20 日，蔡照波出席西泠印社建社 105 周年庆祝大会

体现了照波的思想境界和追求。

“成如容易却艰辛”，确实如是。无论是那几根萧萧的墨竹，还是珠江台今日无与伦比的第一粤语频道的地位，其实背后都是艰辛的努力。

广东篆刻艺术有着优秀而深厚的传统，早期有名家巨匠，如黄牧甫、乔大壮、易大庵、邓尔雅、冯康侯、商承祚、黄文宽及晚近故世的马国权等。当代篆刻艺术要繁荣发展，要求人们进一步唤起精品意识，杜绝粗滥之风，张扬艺术创作意识。这一切既要有坚厚扎实的传统功力，也要有求变的艺术创作思维。

早些年，蔡照波还和岭南印人一道在篆刻的力度、深度、广度不断探索，既撰文，又在百忙中应华南文艺业余大学之邀，讲授印学史、篆刻等课程，用通俗易懂的语言把古老的篆刻艺术传授给学生，共同努力形成一个极具潜力的印学群体，为岭南篆刻艺术的发扬光大作出贡献。

篆刻是与石头的对话，石头传递着来自宇宙的密码。在时不时的碰撞中，照波，在石头中读懂了什么？那些刻在石头上的灵语，是他和石头达成的一种怎样的默契？

芦苇，划过无垠的大海

他也努力开拓一片思想的汪洋，以性灵的笔触种植思想的芦苇，写下哲理性散文集《渡你过海》，是启开我们心智的钥匙。

对文学的热爱使他每到一处，便能随缘悟道生情。在他的文章中，自然是一本书，有哲理的沉，音乐的轻，风光的美，有佛心禅意，有诗意的大美。

“海不扬波，因为海博大得深沉，博大得有如此内涵，方不轻易扬波澜了…… 做人的深层底蕴，我又似乎有了某种新的认知。”

“浓浓的化不开的黄色：黄土、黄色、黄沉沉的云……赋予我一个坚韧的信念使我永远怀有梦。梦让我回归生活的羞涩与质朴。”

“在相国寺，我撞了三声钟，记住了那充满禅机的佛语‘钟声醒痴梦，多情乃佛心。’”

在罗马的圣彼得广场，他托沉甸甸的两百根柱子，祈求铸成一个“情”字。

“飘零的人生可以舍弃叹息，却舍不掉牵挂。我的牵挂，依然是与水相关的人生主题。”

“伴云何处住得住且住，问月几时圆见圆便圆。”

似这样的文句在《渡你过海》中俯拾皆是。在蔡台发表于2008年《作品》中的域外散文，无论是古老的欧洲，神奇的中东和多难的柬埔寨，乃至日本，都散发出不可抵挡的诱惑，照波的善感通过文学的想象和心灵的升华而呈现精神的魅力。如果说，照波描述的笔致大体是轻灵的，但在吴哥古城，厚重的历史以及沧桑的世事变迁，使他的笔触自然地转向凝重：“尘世中的我，对这四面八方无所不在的‘高棉的微笑’，除了感到不可思议的永恒与微笑之外，更愿是神灵对人世的牵挂与不舍，对人世的保佑与赐福。这才是数百年来人们追寻的‘高棉的微笑’。美，也许总在可解与不可解之间，但我相信，美，不仅仅是夕阳里的一片历史废墟。”

“在感叹文明失落的同时，也让我领悟自然力的不可逆，美的震撼成了一种心疼。”

而我，在这种心痛中沉默。

生命的丰盈需要无穷的智慧，以及对存在的彻悟。在蔡台不断透露心灵密码的时刻，我们看到了一种主体性智慧和对生命虔敬的信仰，看到了拳拳的赤子之心，看到一个外来者入世的积极心态和淡定的处事法则。

（载《汕头广播电视报》2010年2月11日、《南海涛声》2013年10月作家出版社出版）

朋友照波

黄国钦

南国的冬天，一向是姗姗来迟，可是今年，却来得突然。昨天，还是秋阳高照，今天，就已经是北风呼啸了。潮州街头，走动着很多口哈热气的男男女女。

此刻，我坐在一支白炽灯下，却想起我远在广州的朋友照波。

很多人说，蔡照波是一个画家、篆刻家、作家，可是，在我的眼里、心里，照波的本质，是一个诗人。“春末的日头在天顶挂着，我们在岛上行,野地里黄灿灿的花放肆地绽开,疯狂了满岛的树。”“不远处，有得月楼立于斜风细雨中，路灯微明。文胜桥上撑有一把伞，伞下一对男女合二为一，凑成了夜雨中古秦淮的一轮‘圆月’。”照波笔下的文字，永远是这么诗意地优美。

照波的家乡在潮州。潮州，因为位居唐宋八大家之首的韩愈而出名。在潮州，写散文的名家有好多，像碧野，像林墉。照波和远游的碧野、林墉一样，都有浓浓的故乡情。但是，当我细细地读着他们的文章，我又感到三代人身上迥异的情怀。碧野的故乡情是豪情、深情，他笔下的文章有生活，有命运，是故乡人民人生命运的写照；林墉的故乡情是柔情、温情，他笔下的文章有画境，有意境，是故乡厚重民俗人文的映现；照波的故乡情是亲情、友情，他笔下的文章有感悟，有遐想，是故乡民间世俗生活的歌吟。

我藏有一方照波篆刻给我的姓名章，这是一方寿山田黄的名章，雅，我很感动照波对这份友情的珍重。照波读书的时候赶上了一段好时光。那时，他与陈平原、陈小奇、梁永琳，都是中大中文系才华横溢的学生，中大中文系是一个名震神州的大系，有很多如雷贯耳的大师，詹安泰、王季思、容庚、商承祚……照波读书的时候，王季思、容庚、商承祚，这些大师都还健在，照波出神入化的篆刻，就直接师承于商承祚。在大师远去的岁月，该用什么，来滋养我们今天的学子呢？

向南的河流

在潮州，我和照波有一个忘年交——康晓峰。康晓峰是清末民初出生的诗人和易学家，他和潮州的名画家黄家泽一起，启蒙了青年照波的诗情和画意。在康晓峰著的诗集《劫余集》里，我读到了照波写的一段话：“七十年代初期，我在潮州金山画苑随黄家泽老师学国画。黄老师是三十年代上海美专毕业的，其时尚未‘平反’。一日，康先生为其菊花图题一诗。诗曰：‘一老皤然画兴狂，东篱泼墨补重阳。孤标意趣欣同调，我亦诗成笔带霜。’那时不解诗中意，但我静立一侧研墨，从他们交谈的神态与语调中，似乎感悟了些什么。”

兰舍笔记

黄老师亦是我20世纪60年代的美术老师和语文老师。这样一个孤标意趣的画家，却在那样一个不堪回首的年代，和满腹诗文的康先生一起，被无情地“边缘”了。

我们这辈人，就这样，经历了生活的颠簸，咀嚼了人生的况味，就懂得友谊，懂得珍惜，懂得逆水行舟，懂得什么是安身立命的根本。而安身立命的根本，就在于正直做人，认真做事，率真做文，就在于无嗔无欲，无怨无悔，无惭无愧。这，就是我们朋友间常常沟通的人道。

（载《韩江》杂志2009年第1期、《粤海散文》杂志2009年第1期、编入《兰舍笔记》2011年8月中国戏剧出版社出版、《花草含情》2014年1月内蒙古文化出版社出版）

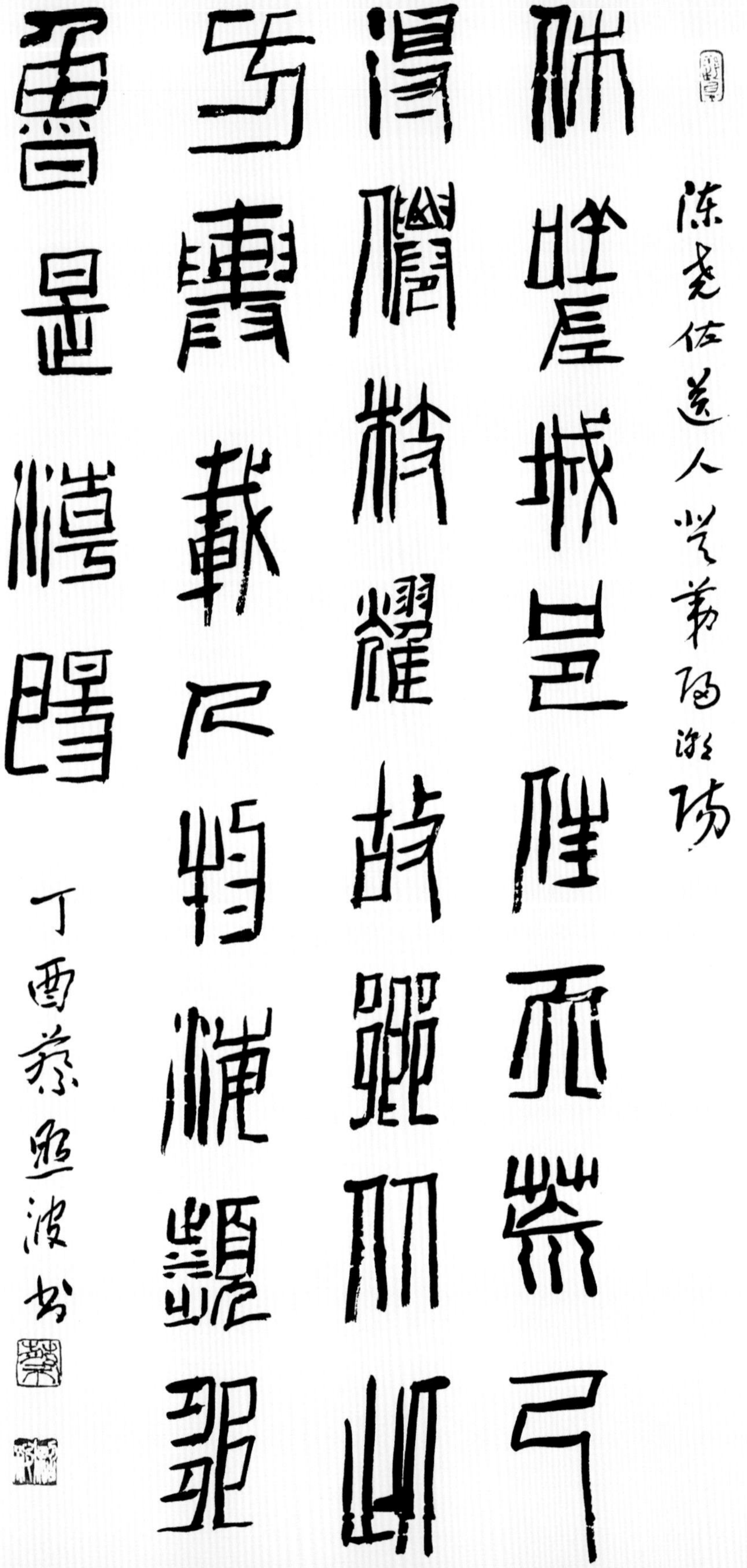

休嗟城邑住天荒，已得仙枝耀故乡。
从此方舆载人物，海滨邹鲁是潮阳。

宋·陈尧佐《送人登第归潮阳》
68cm×138cm　2017 年

人格化的竹

——我看蔡照波画竹

黄进雄

与照波兄的第一次见面是在十几年前，那时，他担纲的《社会纵横》被誉为广东电视台的《焦点访谈》，其名在业界如雷贯耳。由于工作的关系，又听说他是我老乡，自然慕名前往拜访。

在他有点逼仄的办公室，我们相见如故，侃侃而谈，与他谈起电视的困境与突围，谈起在当时言路还不很通畅的环境下，《社会纵横》所面临的压力等。他热情、爽朗、幽默、健谈，以及谈锋中不时流露的率真和血性，让我相信这位喝韩江水长大的吾乡才俊，不愧是以舆论监督为己任、以新锐著称的《社会纵横》的胆识和良心，在他儒雅得有点文弱的肌体内，流动的还是炽热的血。

他送我一本新出版的个人篆刻集，让我有一段时间是那样爱不释手地揣摸和研读，试图在那驰骋的刀锋中读懂他的个性与内心。的确，在他一笔一笔镂刻出来的不同品性的金石印章中，我感受到沉稳中充溢着生命气韵，厚重中流动着铮铮正气，朴拙中闪烁着灵秀高雅，小小方寸之面潜藏着博大的精神脉动。我有时想，照波兄何来这神妙一刀？他是中山大学中文系毕业的，写一手漂亮文章是我意料中的，在金与石的雕凿中，何以能碰撞出如此醒目、美丽的火花？

十几年过去，照波在广东台打拼的事业越做越大，他任总监的珠江频道一举夺得全国十大最有影响力的地面频道的第二名，他在国内第一个提出“打造南派纪录片”的主张，他受聘于华南理工大学、广东技术师范学院等院校做兼职教授，在课堂上纵论电视改革风云和记者生涯的风风雨雨……如日中天的事业与他日臻成熟的金石篆刻艺术一样，一笔笔镂刻在他人生的年轮。

忽然有一天，听说他喜欢上了书画，大半的业余时间都浸淫在泼墨画竹的创作快感之中，我的第一个感觉就是：他太适合画竹了。他的才情与气质，让他像很多中国文人一样，很自然地选择中国文化精神中最富盛名的审美载体——四君子之一的竹，作为他寄情寓意、修炼心志的对象。这或许是他经历了太多的繁忙与荣耀之后，淡泊浮世，超越自我的一种自然回归，抑或是故乡潮州那条曾流动着韩愈的咏叹和开元古钟的母亲河，以及河流两岸那摇曳着千古人文气息的苍林翠竹，在一个夏日的梦中对他的召唤……我至此顿悟，从小深受源远流长的中国传统文化的熏陶，这位韩江的儿子的心中已沉淀出一种浓浓的情结，这使他在篆刻、书画领域可以开拓出属于自己的一片天地。

“未出土时先有节，至凌云处仍虚心”，这是中国人对竹的一生境界的最高赞美。竹以它柔弱的，刚直的，俊逸的，或苍劲挺拔，或玉树临风的身影，千百年来不断地飘进中国的诗书画长卷，与梅、兰、菊一样成为中国文人墨客吟咏的至爱。陆游诗“好竹千竿翠，新泉一勺水”，苏东坡谓“宁可食无肉，不可居无竹”，大画圣郑板桥与竹的情缘更是达到类似梅妻鹤子的地步，他说“咬定几句有用书，可忘饮食；养成数竿新生竹，直似子孙”。他的画开辟了中国人墨竹艺术的一个巅峰，对竹的痴狂，使他倾注在宣纸上的傲世笔墨，无论细叶疏节，清气硬骨，都无不流露他于浮尘中脱俗清高的气质。

如同大狂人徐谓所言：“竹劲由来缺祥同，画家虽巧也难工。”看似普普通通的竹，要画出其千姿百态中的神韵风骨不易，千千万万人画竹，要画出其不同凡响的独特气质更是不易。照波兄的竹，朴素而有味，是那种不事张扬的含蓄，内敛中隐藏大气，其实是他摆脱浮嚣，沉迷宁静的内心独白。他笔下的竹，往往是悠然不群，接近佛性，无风时静若处子，起风时动如初潮，疾风中百折不挠。既是个体的竹，又是群体的竹，个体的竹由浓墨勾画，竹叶飘逸，叶形肥美，清香欲滴，其枝杆粗壮，其美尤其体现于雌雄同体——男性的杆刚直如铁，女性的叶飘逸似箭，集坚韧、柔媚于一体；群体的竹作为映衬或远景，往往是浅色挥泼，是空山朦胧中的风声竹啸……

有机会多次观赏照波兄画竹，每每都发现他痴迷有加，几近忘我，尤其是酒后微醉，双颊通红的照波越发俊秀，江南才子般的举止投足，让他的醉墨有着一种风流倜傥的潇洒。这时欣赏他画画，有如欣赏高山流水古曲的演奏一样，只见他面对长卷，用中锋蘸墨，稍作沉吟后，忽然气运势出，在纸上一阵肆意挥洒，仿佛古曲急弦繁响的开篇。狂狷的泼墨渐渐让我们看出浓密丛生的茁竹，然后他开始提锋勾泼细技秀叶，画面上竹叶翩翩、清风横生的意境开始栩栩如生了起来，仿佛进入了古曲中清朗、曼妙的抒情段落；最显照波笔墨功力的是，他用中锋画干，用侧锋画老干，或直或斜，落笔干脆利索，没有半点犹疑，不一会，支撑起这些婆娑竹叶，也支撑起整幅画的精神风骨的苍劲、挺拔的竹的身躯，就出现在我们的视野，仿佛进入古曲的华彩高潮。当然还有余音袅袅的尾声：一二顽石、二三幼雀、散落的草斑，还有同样沉稳中舒卷气韵的几枚红泥印章……一方面，照波对整幅画的构思从布局到着色都“成竹在胸”，这使他下笔干脆而潇洒，一方面在驾驭笔墨中又不时倾注他对于竹

心竹 138cm×34cm 2014年

的独特性情和哲思式的诠释，使他笔下的竹更多地呈现出纯粹、清新的气息和人格化的特色。

照波说他画画是半途出家，属非专业的草莽一个，更多的是一种把玩，一种陶冶，一种修炼。正是这种心态，使他画画不拘程式，任所欲为，常常进入无我境界。我想他更多是在享受画画的过程，享受创作的愉悦，并借以寄情明志。竹的虚心、气节、情操和坚韧的个性，竹的一生一世甘于寂寞的奉献，竹与人与大自然的和谐共生，正是他一生追求的人文情怀的最好体现。他爱竹画竹，是一种本能的需求，也是一种对艺术与自身人格的审美和构建。

愿照波兄百尺竿头，更上新天。

（载《汕头日报》2008 年 9 月 22 日）

晴耕雨读

遵嘱为张台长惠建
方家刻
晴耕雨读
照波刻并记

是真名士自风流

——记广东电视台副台长蔡照波

c198711y

有人的地方，就有江湖。金庸先生如是说。

“江湖”一词，于内心处，赋予了文人墨客太多的荡气回肠。

本以为在来去匆匆的今天，古人的遗风余思正应了杜工部的那句“此曲只应天上有，人间能得几回闻”。

而当我们走近广东电视台副台长蔡照波师兄的时候，终于发现，原来真名士的人生追求，如同岸边一块块倔强的石头，不顾海水的冲刷、海风的呼啸，依然顽强地守望着潺潺流水、秀美山峦。推移的只是岁月，不曾变的是他们的坚持。

在烦嚣的环市东路上，其实别有洞天，洞天之处，实为照波师兄的办公室。

那里承载着工作的繁忙，也散发着艺术的芬芳。

人们说，艺术作品彰显出一个人的性格，确实如此。

师兄对篆刻，可谓一见钟情，摒弃墨守成规条条框框的老路，追求巧思、出显、大气，正如一句广告词所说的那样：未走过的路，通常比较有趣。

独特的方式，个性的张扬，或许正是传媒人在这个爱倾诉的时代的魅力所在吧。

同时，作为“岁寒三友”之一的竹，以其高风亮节，更是俘虏了师兄的心。

2005 年夏，蔡照波携家人与中国首位航天员杨利伟及其孩子相聚并合影

2006 年 9 月 22 日广东电视台《文化珠江》栏目在深圳采访中国首位航天员杨利伟

试问心中无竹者，又怎能使其跃然于纸上呢？

我想，作为一个传媒人，师兄对于竹，不仅是酷爱，更是不畏艰难，对真理和真相的热切追求。

回忆往昔的峥嵘岁月，师兄依然忘不了当年戴着校徽时的荣耀感；谈及大学的教育状况，师兄力陈其利弊，显露中大学子的社会责任。

从办公室出来后，师兄带我们驱车于秀丽的麓湖路上。

近看静水，远望群山，思绪翩然。

孔子曾云：智者乐水，仁者乐山。山水哲学经古往今来的沉吟琢磨，不知留下多少积淀，最妙的还是这句。

在山水之间，在沉稳与灵动当中，如能泛漾，岂不妙哉？

微风轻拍面孔，抬头望见师兄睿智目光中个性的张扬，眉宇间的英武与厚重，幡然醒悟：这，不就是天人合一的境界吗？

在匆忙中彰显出大定之气，于悟透中显露真我天地。

本酷爱武侠小说的我，发现其实虚构与真实，还是会有交汇的一天的。

侠之大者，不就是中华文化最深沉的中庸之道吗？

成，如朗月照花，深潭微澜，不论成败的超然；败，仍水滴石穿，百川归海，不坠青云的傲岸。

入又何妨，出又何妨，于市何妨，于林又有何干，所谓真名士自风流！

师兄的话语，自觉与清代才子宋湘的一副长联相吻合，手记最后，姑且以此作结：

世事茫茫，光阴冉冉，留不住珠颜玉貌，带不去白璧黄金。富者石崇，贵若杨素，绿珠红拂今何在？劝君放下忧思，来几盘将帅车马，遇快乐时须快乐；

青山迭迭，绿水融融，走不尽楚峡秦关，填不满心潭欲海。勇如项羽，智如周瑜，乌江赤壁总成空。请子暂坐片刻，听几句说今谈古，得安闲时且安闲。

丁亥年七月初六于广州

（c198711y 博文　2007 年 8 月 22 日发表）

秋风吹过影参差　138cm×34cm　2011年

淡泊明志　率真做人

——访中文系 79 级蔡照波校友

贺　莎　罗谚君　陈玉凤

随和，睿智，文质彬彬，才华横溢，这是蔡照波给人的第一印象。

由理科生成文人

1979 年蔡照波就读于中山大学中文系，可他的求学之路并不如我们想象中的一帆风顺，而是经过了一番辛酸挫折：高中毕业后，他下乡做过知青，当过工人，直到 1977 年才参加了恢复后的第一届高考。当时那句家喻户晓的“学好数理化，走遍天下都不怕”在蔡照波心头有很大的震动，他报考了化学，希望以后能开一家化工厂，让家庭和家乡都富起来。遗憾的是，由于蔡照波被诊断为红绿色弱，他与大学失之交臂。这令他很痛苦，可人生的际遇往往不是人们所能预知的，1979 年，不服输的他再次参加高考，并以全市文科第三名的优异成绩被中山大学中文系录取。正是此后 4 年多姿多彩的大学生活，开启了他的人生旅途。现在的蔡照波不仅是广东电视台副台长，还在文学、篆刻、国画方面硕果累累。正所谓，塞翁失马，焉知非福。

回忆起当年的大学生活，蔡照波记忆犹新。当时的中国社会正处于转型期，学生们对新鲜事物都特别感兴趣，长头发、喇叭裤、迪斯科是他们的最爱，平时最大的娱乐就是将三洋牌收音机往饭堂

墨竹风流

——蔡照波墨竹艺术刍议

何伟才

“宁可食无肉，不可居无竹”，这是古贤苏东坡留给我们的一句名言，足见竹子在古时文人心目中的地位。确实，青青翠竹古往今来吸引了无数文人墨客，他们面对竹子有感而发，创作了数以千计的书画，形成了中国文化的一个重要组成部分。我国传统的绘画艺术自古就重视画竹，这不是偶然的，竹子高尚的精神风貌和特殊的审美价值，不但激发了艺术家的创作灵感，而且也成为艺术家推崇的楷模。

毕业分手20余载，早已耳闻大学同窗照波兄善画墨竹，今日得见，果然精彩。其所画墨竹自成一格，既有传统功底的笔墨，更有质朴生活的情感，形与神的意趣，墨与色的交融。他的墨竹，自然生动传神，富于哲思灵气，充满力量与生命，千姿百态，生机勃勃，体现了“杆如铁，叶似箭”，玉树临风，栩栩如生，或玲珑，或磅礴，或干云，均达到了竹融于我，我融于竹的人竹合一境界。其画面气韵贯通，温文尔雅，有儒者气象，意境高拔而妙趣横生，用墨简洁而魂魄毕见，师法传统而能出新意，潇洒随意而自成章法。满纸生浩然之气，通幅是和谐旋律。虚实相映而繁简得宜，动静无始，变化万端。无论是飘逸的风中之竹，萧萧雨中之竹，还是挺拔的雪中之竹，均能传达出竹所特有的风骨神韵。梅兰竹菊本是中国文人

2014年蔡照波在书画室作画

自我表现的文化符号，是中国人对人生哲学的探索与表述：苏东坡借竹表现落魄中的旷达，赵孟頫借竹表现压抑中的潇洒，郑板桥借竹表现浊世中的清高……但蔡照波的墨竹却表达出另一番哲学母题，不同于古人，更异于今人，而在当代画坛自成一家：他强调人与自然的和谐，表现出一种尊重自然、理解自然、关爱自然、与自然和谐相处的哲人境界，和一种从容、淡泊、宁静、高远、豪迈、博爱的大家风怀。因而他的绘画富有强烈的时代感和亲切的人文气息。纵观蔡照波的全部画作，无一不浸染着耐人寻味的“中国精神”，无一不渗透着儒雅和谐的美学传统，无一不是当代人精神栖息的摇篮曲。如莫扎特的音乐滋润着我们荒芜的心灵，如梭罗的《瓦尔登湖》敲打着我们疲惫的神经，让我们见之忘俗，心旷神怡并且流连忘返。

俗话说：“仁者乐山，智者乐水，贤者乐竹。”蔡照波学画多年，有时画山水，有时画花鸟草虫，但最后他却选择画竹。是什么原因促使他最后把画竹当作自己艺术语言的载体呢？我想这应该是其精神追求和竹子所包含的文化精神合拍吧。我们知道，竹子虚心、有节、不畏霜雪、抗风雪又身段柔软的特性与我国传统的伦理道德和审美意识非常契合，因此成为中国传统美德的物质载体。了解蔡照波的人都知道，他外表随和、谦虚、幽默，但内心刚强、不畏风雪、有自己的坚持。正因为如此，20世纪90年代，他主持的《社会纵横》在言路并不很开通的情况下，却勇于针砭时弊，影响巨大，与中央电视台的《焦点访谈》齐名。蔡照波好画竹子是不是与他的这种潜在精神追求有关呢？蔡照波的作品，在造型布局上高度概括提炼，删繁就简，以简驭繁，以少胜多，仅绘落落数竹，使人如入一片青郁葱翠的竹林。而在局部，用笔墨描绘每一竹竿、竹叶、竹节，却笔笔得势、得神、得法，显露出生气。每棵竹先立干留节，梢与根短，中干长，长短参差，每节上下相承，形若半环，墨浓淡有别，用中锋画干，老干用侧锋，全竿圆浑得势。画枝，枝枝着节，行笔迅速，遒健圆劲。嫩枝节小和柔而顺，老枝节大挺拔而起，枝覆而叶多，枝昂者叶少，描摹得神，生意盎然。墨竹画叶最难，但他画竹叶，下笔劲利，实按而虚起，兼有破法搭法，墨色有浓淡，老嫩反正分明，用中锋画瘦叶小叶，用侧锋画肥叶，下笔如破竹，一气呵成，沉着秀峭，天趣盎然，得意外之巧妙，充分表现出蔡照波成竹在胸，娴熟高明的笔墨技巧。观看他的作品，可怡神去俗，养精寄神。

当然，作为文人画，蔡照波的墨竹艺术，也走的是“不求形似，只写胸中逸气”之路，我想如果他能在笔墨变化上再下点功夫，对竹子生态再深入研究，如古人所说的“风有疾慢，雨有乍久，老有年数，嫩有次序。根、干、笋、叶，各有时候”，而“若夫态度，则又非一致，要辨老、嫩、荣、枯、风、雨、晦、明，一一样态”，能做到这一点，假以时日，必成大家，对此我充满期待。

（载《银通艺讯》2008年第1期、《墨如金》杂志2008年第1期、《韩江》杂志2008年第4期、《艺术家工作室•蔡照波》岭南美术出版社2011年10月出版）

春枝似带烟　138cm×34cm　2011年

篆刻人生　笔墨风流

——广东电视台副台长蔡照波的艺术追求

郭小宁

空中飘落着毛毛细雨，亲抚着行人的脸庞。一股浓郁的春天气息，伴随着涟漪阵阵的珠江河水，吹拂着大地，给喧嚣的都市带来了几分恬静，这就是岭南四月天，温和而细腻。

这一天，我在南方都市报 Susen 小姐的引荐下走进了广东电视台的办公大楼，踏进了集篆刻、绘画、文学、电视艺术于一身的广东电视台副台长蔡照波的办公室。

蔡台长的办公室是一个曲尺形，桌面上摆放着文房四宝，墙壁上书画艺术作品琳琅满目，文人墨香之气飘逸在约 20 平方米的工作圣地，他的兴奋点常常围绕着篆刻、绘画，他指引我观赏摁在毯墙上的新作。采访的时候，不断有人找他，电话也接二连三，工作的繁忙可见一斑。

蔡台长，个头中等偏瘦，皮肤白皙，双目充满了睿智，普通话里略带潮音，精干而不乏亲善，敏捷而温文尔雅，他的身上散发出南方精英的气度。

一、沐浴潮风

蔡照波出生在有 1600 多年历史的潮州古城，城内文物古迹 700 多处，古桥、古寺、古塔、古祠、古府第、古民居遍布老城区，建筑和人文景观可见唐宋时期的遗风，城区的西湖景色迷人，西湖水碧波荡漾，西湖山峰峦起伏，市场经济的潮流已经浸入了潮汕的每个角落，而古城依然民风古朴，恬静淡然……蔡照波出生在西湖边一间老厝，家里的门窗雕龙画凤，老厝与西湖间由一条斑驳的石板路相连，屋后是蕉园，院里有口井，可谓是年年庭院栽荷花……

20 世纪 30 年代到 90 年代，潮汕地区深受海上画派的文化影响，到上海美专深造的潮汕人，目前还健在的有 30 多人，他们学成归来，结合当地的文化特色形成了“潮汕画派”，又称“岭东画派”。

迷人的潮州山水，陶冶了蔡照波的诗性情怀；浓郁的人文氛围，铸造了他的艺术天性。

20 世纪 80 年代的记者生涯中，蔡照波难得忙里偷闲在宿舍习篆刻

二、艺术追求

蔡照波的父亲曾教导他：“家财万贯不如薄技在身。”高中毕业后，蔡照波曾有一段时间比较空闲，一个偶然的机会，他跟老师学画国画，见老师作画时常用两方师祖王个簃篆刻的图章，竟对篆刻产生了浓厚的兴趣，此后，便与篆刻结下了不解之缘。经过几年的苦学苦练，蔡照波就能不必打稿，几分钟刻一方石、牛角、象牙、塑料等任何一种质料的名章。这种兴趣伴随着蔡照波下乡当“知青”和后来招工回城当工人。恢复高考后的 1979 年，蔡照波考上了广州中山大学中文系。缘于篆刻艺术，他得到了中山大学中文系教授商承祚的悉心指导。商承祚是一名书法大师，年轻时候就刻得一手好图章，古稀后封刀，可是依然关心着此道的弘扬。商承祚讲究严师出高徒，指点他从头开始，借助于丰富的资料从规秦抚汉起，直至对明清以来各派诸家的篆刻艺术都精研一通，然后有所侧重地在专攻秦汉玺印中以求切合当代之变。为提高自己的篆刻技艺，蔡照波还找到在广州美术学院讲授书法篆刻的欧

广勇。欧广勇是自学成才的艺术大师，实践经验丰富，技艺精湛，给予他具体的指导，使他得到了更多艺术创作的源泉。

四年的大学生涯，蔡照波如饥似渴地沉浸在文学艺术的海洋中，攻读文史，锤炼篆艺，写诗赋词，历经磨砺，驾驭文字笔画的能力、表述文字含意的造诣日渐娴熟。每当夜深人静，每当半醉半醒，他才思迸发，兴酣挥刀，一刻而就。

蔡照波大学毕业后分配到广东电视台，忙碌的工作并未削弱他的雅兴。

在日后的艺术追求中，蔡照波还偏爱墨竹，可以说，墨竹是蔡照波艺术性情的一种自然表露。自古以来，竹与梅兰菊被称为“四君子”，其幽芳逸致，风骨清高，不做媚俗之态，涤人之秽肠而澄莹其神骨，致人胸襟风度品格趣味于高尚之品性，深博世人爱意，成为一种人格品性的文化特征。苏东坡有诗云：“宁可食无肉，不可居无竹。无肉令人瘦，无竹令人俗。”郑板桥的诗：“咬定青山不放松，立根原在破岩中。”蔡照波的偏爱大抵也受这些因素影响吧。郑板桥画竹跋句有云：其实胸中之竹，并不是眼中之竹也。蔡照波画竹时，看到的何尝仅仅是竹？

打开《蔡照波墨竹篆刻集》，细观其作品，蔡照波的墨竹图清新明净，竹竿修长见上进之势头，竹节凸显露顽强之气节，竹叶风姿绰约，充满灵动。落墨在重与轻之中穿插，在有与无之中形成。“故常无，欲以观其妙；常有，欲以观其徼。”

蔡照波的篆刻艺术植根传统而有新意，早已在书坛前辈中有良好的印象。书画金石收藏颇丰、见解独到的大杂文家老烈，出版家兼散文家苏晨，有“军中篆刻第一刀”之誉的军人画家兼篆刻家廖宗怡，都赞赏蔡照波的篆刻。蔡照波的篆刻艺术同时得到老先生秦咢生的赞赏，曾说“照波的篆刻在我省青年中是一流的”。他曾亲手帮蔡照波挑出赴日参展作品，还抱病为《蔡照波篆刻》题签。

对于篆刻，蔡照波有自己的不凡见地。他在一篇篆刻艺术的随笔《西泠梦》中写道：“咱们岭南，自晚清黄牧甫两度来穗之后，虽产生有李尹桑、邓尔雅、冯康侯、黄文宽等不少有成就的印人，惜多数都在黄牧甫的面目上向极致发展而已。毕竟，艺术的生命在于创造而不在于因袭。”

蔡照波以篆刻见长而加入广东省书法家协会，继而，他应华南文艺业余大学之聘，讲授印学史、篆刻等课程。他潜心研究篆刻艺术，每有独特见解，便欣然忘食。他能把篆刻这门古老的艺术深入浅出地传授给学生，让学生在美的熏陶中潜移默化地接受知识，各得所益。在当代，篆刻学习易受时人影响，后学者容易类同一面，蔡照波在教学上的作为，是值得引人注意的。

蔡照波读的是中文，他难舍文学情结，利用工作之余，写作出版了散文集《渡你过海》，文章精短凝练，情感真挚，富有哲理。如散文《渡你过海》在细微中见哲理："人生就像船，总要寻找港湾去抛锚。"又如散文《故乡儿时梦》于触角中见真情："'东坡所至有西湖'，东坡没到过我家乡，但我们也有西湖。"同样的情怀还有《老厝》等篇什。

蔡照波对艺术追求有一段感言：不管追求何种门类的艺术，当以激情进取，创新超越，实现一种为时代所需要又在书写时代的价值。

三、纵横人生

蔡照波的行政身份是广东电视台副台长，兼珠江频道总监。肩上的担子沉甸甸的，但是，在如此繁忙的工作岗位上，他以艺术养性怡情，在行政与艺术的两条轨道上，并步齐进。

电视作为一种媒体，传达的不仅是新闻，还有娱乐、资讯等多方面的信息，是一门综合性艺术，需要各门类艺术作支撑。电视区别于其他媒体的娱乐性、可视性、直观性，相对于其他媒体，是一个新型媒体，相对新媒体是一种冲击，如互联网。因此，在电视领域里，要求的知识是多方面的，太单一难以提升到一个新的层面。因此，从事电视事业的人，需要具有多方面的修养，去滋润事业，成就事业。

满地月明金错刀 138cm×34cm

广东电视台台长梁浩泉在画册《笔墨风流》中的序中提到：“对艺术追求是他们在另一层面的出色表现，广东举办过多次摄影、书画作品展，对提升台的文化品位大有裨益；在与时俱进，追求卓越的年代，他们能够静下心来，研讨书画，挥毫泼墨，把爱好融入生活中，是人生的一种美丽。我希望我台对艺术有爱好和追求的人，把追求艺术锲而不舍的精神同广东的电视事业更好地统一起来，让自己的聪明才智在电视节目的创作中呈现神采，尽显时代风流。”

广东省文联主席刘斯奋也在画册《笔墨风流》谈到：“业余的艺术创作，有利于个性的发挥，由于无法将全部时间用于创作，反而有利于激情的保持。这种兼职多业是见仁见智的事。”

蔡照波说：“囿于客观条件，只能利用零星时间习艺，不可能鸿篇巨作，只能是小点心，小随笔，艺术小品。实际不是为了出名，也不是为了经济利益，是一种业余心情，业余人生，为自己的生活从平面走向立体，是一种追求。”

广东电视台珠江频道以新闻资讯为主，如：《630 新闻》权威快捷，一直是广东省新闻资讯节目中收视率最高的电视栏目，也是广东省最具影响力的新闻栏目之一；《今日关注》以“民生无小事，今日多关注”的亲民定位赢来大量的观众，成为广东省收视率最高的民生新闻栏目。

广东电视台珠江频道多年收视率连创新高，其制胜法宝是以“本土化”或“地域化”的品牌节目构成频道特色，在新闻、娱乐、资讯方面来强化它，坚持走平民化本土化的道路，具有很强的亲和力，受到广大广东观众的喜爱。其收视率在广东省独占鳌头，去年单频收成3.2个亿，成为岭南收视战场上的大赢家。对于事业的前景，蔡照波充满信心地说："我们正在努力把珠江频道打造为第一粤语频道。"珠江频道采用粤语播出，已经覆盖到北美、香港、澳门等地，是我省目前覆盖面最广的地面频道，更可喜的是它以入股马来西亚家娱电视的方式覆盖东南亚部分地区。此外，珠江频道在马来西亚，还可以用手机接收到。目前，其最大的对手是香港的翡翠台。只要努力，珠江频道成为世界第一粤语频道是有望企及的。

凭借蔡照波的勇气和精神，他一定能够在人生的舞台，纵横捭阖，尽显风流！

（载《广东文艺界》2007年4月出版）

蔡照波中山大学EMBA毕业照

雨后修篁分外清 138cm×34cm 2011年

悟出一段文字外的袅袅经典来，才信缰出阵！

而偶尔遇得一组哲理颇见清奇的词句，他更是一手刻刀一手方石，只待耳边一声牛角吹响，便吆喝跃马击鼓鏖战！沙沙，刀锋过处，但见他鼻下方寸之地，早已拨划出三军决斗的一望疆场，世外俗音，充耳不闻，卧龙空城，抚弦飞雪，一片铮铮机心，早已独步运筹于必胜之巅……

“杀！”他时而披坚执锐盾守在宗古的壕堑，时而放胆跃出羁绊的深沟，无拘无束、大刀阔斧地师今；仰视，见他挥刀法度森严，俯观，却又窥得几许洒脱超逸。甲士决战石峰沙场，一声呼啸，刀光剑影，阳文阴线，信手擒来！

啧啧！片刻，两军对垒完毕，偃旗息鼓了。一方珍品，如日，如月，悬于朗朗青天；如犀，如麝，异形暗香飘逸……

末了，蔡照波形而上地一掷大刀：“去！”作飞镖状，鸣金收兵。

斯时，商老教授、秦老先生并肩腾云在天作评：善哉！光照云波……哗！围观者一拥而上，两眼放光，扪心惊叹：哇，佳品！上品！此雕此刻，用刀精到，刀味天然，于不方不正之间布巧藏珠，飞龙化凤，无论魏晋，皆为华章。磕碰旮旮，一刀虚过，亦是在悬崖边上轻扬的一缕沙笔，巍巍然于犯冲之际轻巧地力挽惊澜、化险为夷。

善哉！大器在握，狂飙浩荡！

得宝者，手握奇石，倾心把玩，眼眸与嘴唇颤语，思维并意念翩飞……

须臾，一轮银辉升上碧宇，万籁俱静，一曲心旋，轻吟短唱，掠过书房……

俄顷，一壶杯绿，斟至案儿，蔡照波似醉非醉，一通手机，呼朋唤友，速速到来，作知心饮……嗖！嗖！嗖！醉里挑灯看剑，梦回吹角连营。今夜阿谁还说，精瘦骑手蔡照波，不是彪悍大将军？

“嘎嘎……”一羽布谷鸟魔幻般飞过月影。啧啧啧啧，啊！谁不知自古圣贤皆寂寞，惟有饮者留其名？

尔后，我等同好研讨发现，印人蔡照波，自此转战南北所向披靡，于国门内外，驾轻就熟地收割着一方方或朱或白的……

自擅一家（嘻嘻笔记）

蔡照波大兄刻过一方《自擅一家不足道》。窃以为，那是他作为印人以至作为记者的一种治学心态。知否知否，就像新闻采访一样，不开辟一条自己的路径，谈何独家？风格风格，无风，或是随风摇摆，何来品格？“自擅一家”“上善若水”“中得心源”……粗观细品他陈列心田那 2000 多方金石之作，闪闪亮亮铺设在他几十年的人生路上，何其独特何其耀目！难怪熟悉他的雷铎先生、欧广勇先生等，众口一词地称赞他：蔡照波他素来追求的是一种“道法自然”的境界。

他却嘻嘻笑着对我说：其实，他们过奖啦。所谓金石，那是我困倦了的时候，在石上敲打几下权作休息，和石头对对话写写石头记而已。如此一句轻描淡写，嗨，石头默默无言难以作证，我等却是以一个同好的关注，体会到了他的一颗铿锵之心！

他是在石头上注入了自己对篆刻、对艺术、对人生太深的理解，才成就出他的四季春天啊。

临田黄鸡血而纵马“深刻”者，不理心顺气、不审方度圆便扬鞭“深深”刻下去，谈何深刻纵横？！

…………

何处望神州？满眼风光北固楼。千古兴亡多少事？悠悠！不尽长江滚滚流。

年少万兜鍪，坐断东南战未休。天下英雄谁敌手？曹刘！生子当如孙仲谋。

春韵 34cm×138cm 2011年

墨竹迎风（瞻望未来）

彼此都是记者，彼此熟稔，彼此都懂得采访的基本要素，也熟知一些节约时间的采访捷径——翻阅过蔡照波大兄预先为我准备好的一叠复印材料，直奔主题，点题问话，30分钟过后，大功告成。这过程，有点像他在他的宝笈珍屉翻找石块下刀凿刻一样，心中有数，一刀就是一刀。

一刀就是一刀，禅机处处。

咔嚓！咔嚓！按我的计划，我在他那雅致的台座办公室里，给他的墨竹作画雄姿，拍了几幅速写快照。时有智者说，悟性高的从艺者，三魂之外多有二魄随影相伴、杂技傍身。果然，他这几笔另类符号书与画，还舞得蛮自得哩。

蔡照波的墨竹，时时屹立风口，昂然摇曳，在画界方家颇有口碑。

蔡照波的书法，虽说是尚在路上，马蹄哒哒过处，挟电携雷，也已经初见大将之风了！

（载《中华名人》杂志2006年11月总第17期）

竹韵雅趣颂和谐

——读照波写竹、东士题款的《竹韵》有感

许美群

中国画坛自唐宋以来，特别到了元代便盛行梅、兰、竹、菊“四君子”画，这是文人雅士通过丹青翰墨寄寓学识渊博、举止文雅、品格高尚的表现。梅花凌寒斗雪，皆冰肌玉骨，先百花报春；幽兰深谷繁生，从不慕荣利，常临风潇洒；菊花独傲霜枝，不与众争艳，唯淡泊宁静；而竹子以其虚心挺直、高风亮节的特性成为中华民族虚怀若谷、奋发图强的崇高象征。因此，墨竹也成为画家创作的重要题材。

历代的文人墨客喜好画竹，宋之文与可、苏东坡，元之赵孟頫、管道升，明之王绂、夏昶，清之石涛、郑燮，以及近代的吴昌硕、齐白石，皆是画竹高手。岭南蔡照波先生现为广东电视台副台长、岭南书法篆刻艺术研究会副会长，好文学，精篆刻，深悟艺术之道，而对写竹一科，情有独钟。照波先生画竹注重对传统笔墨技法的继承，并对郑板桥、蒲华、吴昌硕尤为究心。他博览名家画作，濡墨挥毫写竹，汲取传统精华，滋润绘画艺术，与此同时也在不断寻找新的灵感，铸造自家风格。

近日得读照波写竹、东士题款，并由香港书艺出版社出版的2006年挂历《竹韵》一册，或《听风》，或《凤舞》，或《自得》，皆是笔精墨妙，构图协调，脱俗清新。其墨竹画面气韵贯通，温文尔雅，

2006年蔡照波（右）与时任广东省委副书记蔡东士（中）、广东省文联原党组书记蔡时英（左）合影

有儒者之气象；意境清雅和谐，妙趣横生，有大家之风范。画作中竹竿自然圆润，富有质感；竹节墨韵分明，顿挫跃然；竹枝应势而生，相得益彰；竹叶虚实浓淡，变化多端；竹笋破土而出，青葱活力。照波先生的墨竹无论是几竿翠竹抚风，还是月下竹影婆娑，无论是修篁劲节凌云，还是竹雀共鸣春曲，极具动感，充满盎然生机。此册墨竹集有广东省委副书记蔡东士先生的逐一题款，观其作品，自然产生书画共赏的双重审美愉悦。东士先生的书法气韵生动，浑然天成，凝重厚实中又见雅逸灵秀。结体圆润丰盈，舒展俊朗，线条遒劲稳健，富有变化，墨韵浓淡相生，酣畅淋漓，形成雅逸平和、自然洒脱的自家面目。作品的题目，如《无碍》《读月》《唤友》等，起到点题作用，让人理解画作的深层内涵，从而也彰显出题画者的渊博学识和深厚功力。

梅、兰、竹、菊“四君子”画已成为了历代文人墨客表现哲学内涵和时代精神的载体。照波写竹、东士题款的作品传达着一股向上的朝气和一种进取的锐气，细细品读中也让人感悟到与自然和谐相处的至高境界，以及一种志存高远、豪迈博爱的君子之风，这正是竹韵雅趣颂和谐。

掩卷之余，忆起元代诗人杨载的诗句：“风味既淡泊，颜色不妩媚。孤立崖谷间，有此凌云气。”

（载《潮州日报》2006年2月18日、《韩江》杂志2006年第2期）

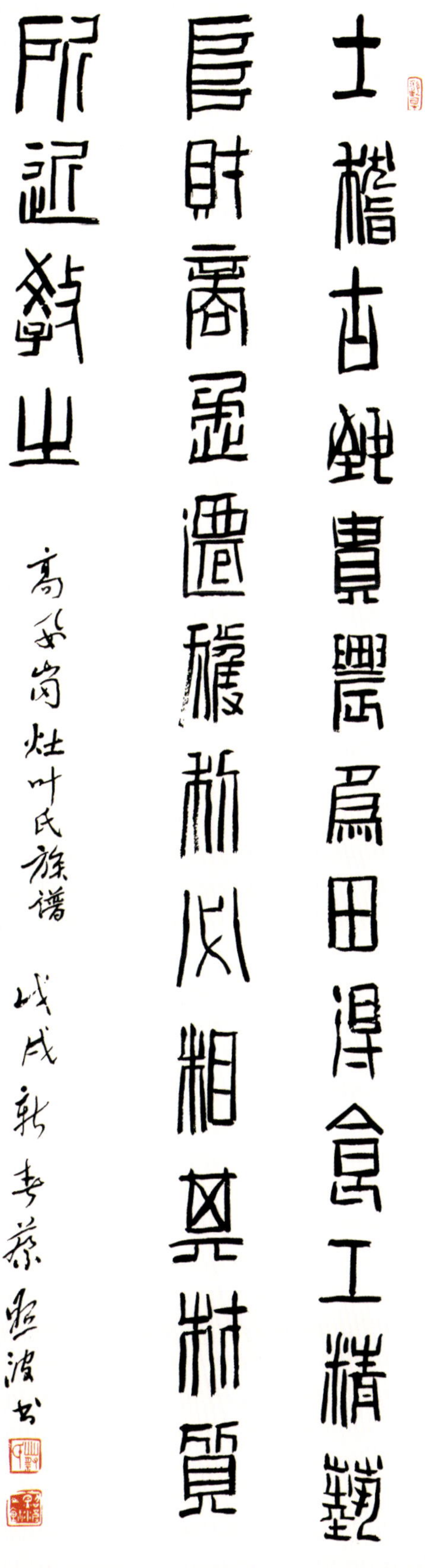

士稽古致贵，农为田得食，
工精艺阜财，商懋迁获利，
必相其材质所近教之。

高要岗灶《叶氏族谱》
48cmx180cm　2018 年

赞照波先生画竹

黄国钦

年近五十发豪兴，
重拾画笔写丹青。
不信东风嫌我老，
心底有诗笔有情。

照波先生青少年时随岭东名师黄家泽先生习画，艺有所成，饮誉潮邑。及长专攻篆刻，名噪岭南乃至日韩诸国，大受好评。临近知天命之年，照波先生顿悟水墨真谛，回归画坛，一手风竹，出神入化，或秀媚高邈，或汪洋恣肆，风姿绰约，神韵夺人，是因寓大境界、深意蕴、高性灵也，妙哉！乙酉端午后一日晨起口占七绝一首并记。

（载《韩江》杂志 2005 年第 4 期）

才子岭东来

——说说电视人蔡照波

郑楚雄

他来自潮汕平原，毕业于中山大学。

他，个头精小，非“帅哥”一类。

他，多才多艺，令人羡慕！

他的篆刻，书画界老前辈关山月、饶宗颐、赖少其、秦咢生等甚为关注，曾欣然为《蔡照波篆刻》挥毫题署书名。篆刻艺术“需要的是个性，讲究的是风格。蔡照波深谙个中道理，那走刀之处，倾注了他的激情与灵感。着刀不多，却是强烈的感情独白，是艺术情绪的宣泄”。中央电视台播出的电视专题片《诗心·造印·灵性——篆刻家蔡照波》，是对他那粗犷雄浑、个性凸显的篆刻风格的赞赏。

他的散文，“流淌着情感的音符，倾诉对生命的体验，如清泉，似兰蕙般幽香宜人，是人生的感悟，是生命的解读”。花城出版社推出的《渡你过海》以及他那篇篇细腻飘逸、饱含情性的散文，则被著名作家雷铎誉为“现代生活需要的短笛或笙歌”。

然而，他真正的社会角色是电视人。

他，拥有主任记者头衔，做到总监一级，作品屡屡获奖，业绩斐然。

别看他平时好玩，喜酒，爱饮家乡工夫茶。但一触及本行，他即会很认真，总监把好审片关，需要很高的政治素质；配合时政的节目，需要制作人的智慧，用观众喜爱的方式，把主旋律唱响唱活，

2017年，胡崇炜、季平、蔡照波、包俊宜、颜奕端、王登科（从左至右）担任"首届'凤凰杯'全国书法作品展"评委期间合影

这便有了《人性·金钱·罪恶——深圳特大杀人劫车案透视》《改判》《16亿元绑架惊天巨案》《天职——人大代表视察广州水泥厂污染纪实》等其旗下栏目之力作。

中国新闻奖、中国电视新闻奖、中国法制节目奖、全国人大好新闻奖、广东新闻奖等50多项省级以上奖励，是对他辛勤耕耘的回报。

他出任总监制的《社会纵横》，以"真实、公正"著称，居广东电视大陆收视最受喜爱的十大栏目榜首，年前更获得"首届中国新闻名专栏奖"的殊荣。

他的心智才气，他的为人做事，使我不得不说一声"佩服"！

他，就是电视人蔡照波。

（载《后生人》第2期2001年1月出版）

《渡你过海》序

吴国钦

这本书名含有禅味而表述带着诗意的散文集，是照波工作之余的“副产品”。照波是一位资深电视人，长期从事电视记者工作，接触面广、阅历丰富，如果要把所见所闻写下来，将会是厚厚的一叠记述文字，但他没有这样做。照波又是一位年轻的颇有知名度的篆刻家，常以艺术的眼光观照生活，用他自己的话来说，是“以空疏之心去解悟人生”。于是他有意避开都市的喧嚣，排除世俗的污染，滤去生活的杂质，只保留诗意，保留所感与所悟，所以本书中的作品，犹如“声声风铃摇动了烦躁的尘俗，沉淀为心头的宁静”。它宛如一泓清泉，几缕幽香，沁人心脾，令人超脱忘俗。

本书是作者情怀与灵性的文字结晶，这里有抖落在内蒙古草原的情思，追忆秦淮河昔日繁华的遐想，神农溪畔土家族少女山歌的萦绕，儿时潮州开元寺前的屐痕。无论是月光下，轮船上，斗室中，作者仿如一个拾梦的夜游人，追觅诗意，倾诉生命的体验，流淌情感的音符，既率真，又含蓄，可谓不红而娇，淡极始艳，在淡淡的文字和隽永的意境中去感悟人生，解读生命。

照波与我属忘年交，他既是我的学生，又是我一位可以无所不谈的朋友。他在中山大学中文系读本科时就已是一位才华洋溢的学生，他当时写的一篇关于苏东坡的论文曾给我留下颇深的印象。拨

港岛一夜

本该发生什么的夜晚
什么也没发生
只是下了一场雨
草地湿湿的
癸巳夏照波刻

易用语言表述的时候，我们可以借助另一种东西来比照，这是方法；而根据，则是文学或艺术评论的视野，常常是“宁宽毋窄”的，用汪曾祺的话来说：“我”是条活鱼，怎么能砍成三段来研究呢？言下之意是：批评研究的方法，应当是纵观其人的一切和一贯，而不要以偏概全。

这本《渡你过海》是我为友人作序看得最仔细的一本文集，一是因为文章短、容易读；二是序言想来想去不易写，故一读再读。

从风格上说，蔡照波的这批文章，基本上是“散文诗”，或叫做“诗化短散文”，总体的风格，一是短，多半在 800 字以内；二是精致，带有诗的韵味。从内容上说，全书《渡你过海》《善饮酒者》《港岛一夜》和《梦里水乡》四辑，其实是“言情”“言理”“言趣”“言境”四类：第一辑多半是爱情篇什，很熟悉蔡照波的人会意会到一些情景而作会心一笑；第二辑取材不一，但多以“有悟”为特色；第三辑为域外游，多有趣之事；而末一辑以童年的故乡回忆给人印象最深，以“有境”为特色。

至此，得出这样一个印象——蔡照波其文亦如其人：婉约与细腻，也有粗犷或豪放；天然与随意，也有雕琢或雕凿；亦如其艺：宗古师古，也追逐潮流；刻意用心，而又力显天然。

世上事物，是多元化的，草与木并存，惊天飞瀑与小桥流水并存，各各不可取代。不过，为短文难，是显而易见的——中国的短散文如古人的《世说新语》或《阅微草堂笔记》，除了文字功夫之外，以理趣胜；外国的短散文如美国的《沙漠甘霖》和印度泰戈尔的许多短章，以博大的宗教感情胜。即：短文除了需要诗一样的精炼的话之外，还需要别的一些什么——例如趣事趣人趣理，即以“奇”胜；例如深厚的宗教内涵，即以“道”胜。而倘若失去了诗的精炼、事理的奇趣、道的玄深，则易显得轻泛。

蔡照波的散文是“短笛”，是“笙歌”。喧闹的现代生活，需要短笛或笙歌，茶余饭后，读一读如《善饮酒者》，如《少年小木屋》，如《过往一段记忆》，如《老厝》，便有一种“宴后果”似的和胃的感觉。而阅读的经验，则需要每一位读者的参与，“如鱼饮水”是也。

1998 年小满于听雨轩

（载《渡你过海》1998年9月花城出版社出版、《跨越》杂志1999年9月、《潮州日报》2000年6月5日、《韩江》杂志2005年第4期）

浮天鹤响　大化无方

——读《蔡照波篆刻》随感

刘启林

寓粤十余年，浸淫于书法，也偶尔搞点篆刻，但对岭南的篆刻界我并未多加关注。原因是广东一带的印风偏于典雅、文弱，不大合我这个北方人的口味。

大约是去年十一月，一份“蔡照波篆刻展览”的请帖由朋友转交到我手中，印在请帖上的“师道”及“无论魏晋”等几方印一下子震动了我的心魄——那种大刀阔斧的作风、巧妙灵动的布局实在有在岭南印坛异军突起的味道。看了一下简介，知作者竟是位记者，于是我头脑中又产生许多疑惑：记者整天东跑西颠，何以有闲暇弄石舞刀呢？记者在新闻界大可依靠本行大红大紫，这蔡先生何以要在篆刻界插上一脚呢？这时我是知其名而未识其人。

今年1月初，我赴羊城参加岭南书法篆刻研究会成立大会，会间得到《蔡照波篆刻》一册，聚餐时恰好与蔡先生临桌，正好“背靠背”，酒酣耳热，“桌界”被打乱，同道们觥筹交错，于是我有幸认识了这位潮州人氏——“白面书生”蔡照波。只要是真正追求艺术的人见面都是推心置腹，此次与曹宝麟先生、蔡照波先生、梁照堂先生及刘胄人先生的见面都给我这样一种感觉。老话叫“神交既久”，“倾盖如故”。蔡、刘的豪爽健谈使我们初次见面就像阔别多年的老朋友了。

回到学校，恰好又接到揭阳孙淑彦先生寄来的新作《乡邦人文》，其中有一篇是介绍评说蔡照波的文章，于是我通过照波篆刻集后的介绍及孙的文章方才彻底摸清了蔡的“底细”。原来他毕业于中山大学中文系，是商承祚先生及欧广勇先生的弟子，否则何以如此醉心于那些“干大事业”的人看不上眼的金石之学呢？

蔡氏的篆刻给我的总体感觉是大刀阔斧、不同凡响、灵巧多变、不拘一格、融古今于一炉出新意于灵府。巨印痛快爽辣，小印稚拙自然，或古朴典雅。除了作者对战国、秦汉古钵深厚的陶溶功夫之外，更可窥见其书法功力之深湛以及对书法篆刻时代精神的敏锐感悟，其特色可用孙过庭《书谱序》中“古不乖时、今不同弊”来概括。

不论是书法、国画、篆刻，其规律都是由“有法”向“无法”发展，融汇众法而达到妙造自然、出神入化的境地乃是最理想的境界。此即所谓“化境”也。蔡照波先生的集子中迎面扑来的一方巨印《无论魏晋》，正道出了作者走向“化境”的心声。这句出自陶渊明《桃花源记》中的“不知有汉，无论魏晋”，被蔡照波引来下半句，恰可表明他的基于佛道崇尚自然达到“无我”之境的艺术倾向。（齐白石治“不知有汉”印）因此，说照波的篆刻仅是取法秦汉又融合明清诸家虽无大谬，但终是隔靴搔痒耳。读过蔡照波的篆刻集，我偶尔想到了启功先生《论书百绝》中那首评《瘗鹤铭》的诗，其末二句云：“浮天鹤响禽鱼乐，大化无方四海行。”于是我用“浮天鹤响，大化无方”来作为蔡氏篆刻的“赞词”，庶几不谬乎！

历来优秀的篆刻应是善于汲取传统之营养，又要有翰墨之功力，舍此二者，只玩“刀法”终不能得个中“三昧”，清代篆刻评论家魏锡曾在《论印诗》中对浙派篆刻祖师丁敬作出高度评价，有两句诗说：“寸铁三千年，秦汉兼元明。”既肯定了丁敬印风的刚健高古，也说出了篆刻要从多方面汲取传统营养的道理。蔡照波的篆刻高古刚键，浑朴俊逸，正是他善于从中国战国、秦汉古钵及六朝唐宋及明清浙、皖、邓、徽诸流派中博采众长。又兼他在商老门下造就了深厚的古文字书法的修养，加上他的凑刀不辍、勤奋进取，便使他的

2011 年蔡照波于书画室

作品达到运刀如笔，“从心所欲不逾矩”的境地。后人总结篆刻大家邓石如成功的经验为八个字，即“书从印入，印从书出”，这也可以说是蔡照波的一个成功之处。从他的印集中可以看出他对书法笔墨趣味的体悟与表现，也可以看出他对常用于篆刻的各种书体如小篆、金文、隶书、简牍书法等的理解与运用。甚而对半隶半楷的《泰山金刚经》书体也能成功地入印，如《寂身所乐武凌津》一方白文印，印文书体与体现佛家思想的印文内容可谓珠联璧合，颇具新意。

此集中我印象最深的是几方巨印，如《无论魏晋》《李延红》《师道》《看万山》《君子以自强不息》《戴嘉骏》《陈新》等，这些作品或泼辣、豪爽，或古朴酣畅，或刀法劲健，书法古趣盎然，分朱布白对比强烈，具有震人心魄的艺术感染力。其中《师道》《李延红》《戴嘉骏》《陈新》《雷铎之印》若出古法又具强烈的时代感，堪称杰作。关于印章规格，日本人提倡巨印之说对我们具有重要启示，因为这确实是摆脱篆刻长期以来作为书画附庸而争取其独立艺术品格的一个突破口。《书谱》杂志所载《日本篆刻特辑》为我们提供了一个很好的范例，蔡照波的篆刻在创制巨印方面的成功体现了他在篆刻艺术领域激流勇进的开拓精神。

古人主张，大印要苍劲古朴、小印要如宋元般的秀丽典雅，这似乎成了一个僵死的模式，笔者颇不以为然，倘小印而能追大印之“苍莽”（吴昌硕的一贯主张）那么当别开生面。我读蔡照波篆刻集中的小印许多是在“以小见大”，或古拙浑朴，或烂漫天成，而印文又多是灵活飞动，在体现着生命力与超越樊笼的匠心，这是我最为欣赏的一个方面。他在方寸规模的作品及小印方面并不墨守成规，追求表面化的静感，而是在动中求静，在奇中求正，因此书法的线条常常作欹斜的搭配与呼应，动静相生的哲理在他的印作中得到了很好的体现。如《刘海涛》《长谷川捷郎》《陈卫忠》《选堂持赠》《李新魁》诸印是其明证。《无量寿》无边栏印更为以书法线条的正奇变化、布白的巧妙空灵达到了一种“无意乃佳”的境界。

近年中国的印风因求变心切，一些篆刻家专门追求“烂头粗服”，呆呆傻傻，甚而不堪入目的效果。据说“后现代主义”也被篆刻家们当做了法宝，因此，他们在极力消除“艺术与非艺术”“雅与俗”的界限。我想，西方艺术思想可以借鉴，但是如果中国传统艺术的灵魂被阉割，那就意味着传统艺术的灭亡，而不是新生。蔡照波是植根于中国传统的书法篆刻艺术深厚土壤中的篆刻家，从他的篆刻集中，我们不难看出他那种求新求变的激动与渴望，有些印作由稚拙而精入颟顸，体现了“由聪明转入糊涂”的自然境界。如《卿雄》《徐卿雄印》等，但他并未一味追求“时尚”，故意求俗仿工匠、印刷体，或故意要生硬模仿某个“有代表性”的人物之作品，故意“以丑为美”，他的创作思想仍是“宁丑勿媚，宁拙勿巧”而已，因此他的作品反映了他的个性与艺术信念，即“古不乖时，今不同弊”，这是处在艺术思潮混乱的中国当今书坛印坛最难能可贵的品质。以他的深厚的书功，超人的见识与娴熟的铁笔，倘能再博采瓦当、陶文、泉币、兵器、角器、玉器铭文、封泥、鸟虫篆刻之长，当能开拓出一片云蒸霞蔚的篆刻艺术新天地！

（载《岭南文化时报》1996年7月8日、《古今书法要论》1998年4月吉林美术出版社出版）

蔡照波参加 2010 年第十六届亚运会火炬传递

得布白上的疏密对比，创造出美感。所以，我们看蔡照波的作品，在方寸之间法度森严，却又漫不经心，无拘无束，表现出他取历代古人印学与实践之精髓而造成的敦实基础，又表现出自己飘逸生动、写意见韵的独创风格，从不求形似而求神韵的线条艺术创造中，看到他灵性的勃发和展现。

他这样给自己画像：“当我困了倦了，当头顶的蓝天消失了，我便拿起刻刀，向着小小石章，倾诉心曲。每每一印镌就，未免陶陶然。即便如此，仍要闭上眼睛往印面上再行敲打几下。”

铁与石之中的，至情至性的蔡照波哟！

（广东电视台《艺术太空》栏目 1995 年 10 月 9 日、中央电视台 CCTV4《中华大地》栏目 1996 年 2 月 27 日播出的 10 分钟电视片解说词）

性灵蔡照波

孙淑彦

1989 年在广州和蔡照波相处一年之后，即很想写点什么。除了他的灵气和聪明之外，更重要的是他的艺术气质和对事业勤奋的追求打动了我。那年，他刻赠一枚一寸见方的“七录居主淑彦孙氏藏之”的朱文藏书印，和一枚“潮汕人物辞典”的长方印赠我。后一枚是特意请他为拙著《潮汕人物辞典》篆刻作封底用的。我觉得二方印都刻得很好。这几年陆续见到他在报刊上发表的印作，那灵动飞扬的线条更趋于成熟了。

1955 年蔡照波出生于潮州城，1983 年毕业于中山大学中文系，曾担任过该校篆刻社首任社长，毕业后一直在广东电视台工作，现在是广东省书法家协会会员。他的书法篆刻主要就学于商承祚和欧广勇两位先生。一贯讲究严师出高徒的商老，指点他把以前学的东西都忘掉，从零开始，先是在丰富多彩的秦玺汉印中虔诚地遨游，一直到熟悉明清各派的门户，然后再回头来有所注重地研究秦汉玺印，从而结合时代的气息和自我的性灵。照波也深知“先器识而后文艺”，“先神彩而后形质”，于是在那几年里，除了学校的功课，其余时间都有点玩命似的扑在篆刻、书法、文学上。一直到当了记者，仍然带着这股钻劲。从他陆续发表在《西泠艺丛》《书法报》《广州日报》等的印蜕和散文中可知，他是如何醉心于文学和铁刀艺术的。

那是1990年，对于中国文化很有研究的南朝鲜中国学会会长、汉城大学中文系教授李炳汉博士，托著名学者苏晨先生请人刻八方印，意在一睹今日中国篆刻作品。苏晨先生是在报上见到照波的篆刻作品，决定请照波一展铁刀的。半个月后，照波把印治好，苏先生被那八方妩媚的闲文印征服了。为此在《粤港信息报》上发表了这八方印并撰文《刀石情韵》，文中说：“炳汉兄拟的印文多是老庄哲理名句，道法自然，道家崇尚自然，崇尚无为而不为。蔡照波的印也是刻得那样无拘无束，洒脱自然，重感觉，好像全不在意，却又深藏着篆刻艺术的森严法度，特别是秦汉玺印的拙雅中胜以韵，支离间流而宛的情致和韵味。”苏晨先生的话不是虚泛的应酬语，而是照波辛勤治学所换来的成果。

照波是善于吸收的人，秦汉玺印的高古、率真的意趣，得益尤多。读《悲怀》《长谷川捷郎》及前面提到的八方闲章，无不有如此的感觉，率真高古之中多灵动之气。他正是因推崇袁随园的“性灵说”而用性灵作笔名的。在方寸之中，他尽情地倾诉自己的心扉，化作那线条布白……多少情感的正负值，连成了心灵轨迹的曲线。透过那曲折的人生经历和苦涩的人类情感，化作了刻骨铭心的顿悟——人生大艺术，艺术小人生，艺术的成就在于才学的结合，缺一不可。

除了篆刻，照波也撰文宣泄情感、抒发艺术见解。他在《随笔》上发表的《浪花集》和《周末画报》上发表的《回音壁》等数十篇系列短文，都陆续复印寄示于我，我将其装订成册并作一序文，于中领略其艺术才情和性灵之说。

照波在参加一个岭南青年篆刻作品展之后撰文发表，其中有一段直言不讳的话：“咱们岭南，自晚清黄牧甫两度来穗之后，虽产生有李尹桑、邓尔雅、冯康侯、黄文宽等不少有成就的印人，惜多数都在黄牧甫的面目上向极致发展而已，毕竟，艺术的生命在于创造而不在于因袭。”我把这话视为他的艺术观，也相信他会在吸收前人营养的基础上，走出自己的路来，成为实实在在的“自我”。

龙

果然，接到了岭南美术出版社1994年印行的《蔡照波篆刻》一书。

1993年，谢耿、林枫林、关山月、蔡照波（从左至右）合影于关山月教授家里

这是一本充分显示自我的艺术作品，里面收录了他所治印80多方，后附他撰写有关印学的文章十多篇，首冠苏晨、欧广勇二先生的序文各一篇。面对着鲜红的印蜕，不禁为蔡照波取得的成绩和广东印坛感到高兴。我特别欣赏他贯穿篆刻的那种看似漫不经心，而实际是很着意的艺术实践。犹如佛家的偈语，如儿歌的天真中饱含哲理。朱文也好，白文也好，都很注意静远空灵在治印上的美学观，犹如大手笔的画家，在虚空中传出动荡，空中点染，持虚成实。“即其笔墨所未到，亦有灵气空中行”，这虽然是高日甫论画之诗，但用来评品蔡照波的篆刻艺术，也是恰切的。他借用书法中的草情篆意来表达自己心中的韵律，用铁笔叙说他心灵领悟的物态天趣。蔡照波在传统艺术的法规之内，率真挥洒，铸造自我。他年轻又有才气，尽可自己开辟一条路来。虽然辛苦，却很诱人。

（载《乡邦人文》1995年10月汕头大学出版社出版）

刀·石·镜头与智慧

——话说电视人蔡照波的篆刻

雷　铎

如果人是上帝制造的，那么，上帝造人的过程，一定不是流水线式的生产（尽管他每秒钟要造许多人），否则，为什么同一个造物主生产的产品，会有偌大的区别？

蔡照波被造出来时，上帝一定对他有点偏心。

我不是说在外形上，而是在心智上——蔡照波是小个子，并非“猛男”一类，但他的心智与才气，令我也羡慕几分。

从中山大学毕业后，蔡氏成为“电视人”，现在已做到“总监”一级，其成绩斐然，作品屡屡获奖。

但这，并不是我羡慕的要点。

我羡慕或妒忌的，是他的多才多艺：写一手好散文，刻一手好篆刻，还涉足书画、广告、对酒文化，从理论到实践，都有研究。

酒是娱乐，书画是自娱，散文是“信手玩玩”，广告是“爱屋及乌”，唯有篆刻，是他刻意努力得到的成就。

最近，一本由南国四位书画大宗师——关山月、饶宗颐、赖少其、秦咢生分别题署书名的《蔡照波篆刻》，由岭南美术出版社编辑付梓，作为多年的朋友，我得到最先送出的一本，拿过手，便玩味，愈玩味，愈觉有味。但我于金石之道，仍是外行，于是，细读蔡氏篆刻集，看是否能品出个中三昧。

蔡氏的篆刻集，收其作品80余方，风格各异，但大体可以分成两大类，一类是以精细严谨见长的，另一类是以灵动天然见长的。

前者，大抵是其前期作品，在大宗师商承祚教授的指点之下，“规秦抚汉”，功夫扎实，用刀精到，颇见秦玺汉印之古朴精神；后者，多半是其近年作品，从布局到用刀，皆着意于追求一种富有现代感的灵动——笔画欹侧不拘，线条工拙不计，印形亦“随石就形”。

既是“艺术”，便需才气，没有才气的“艺术”，实在只能称为“工艺”——譬如，你要寻找能刻一手笔笔如“游丝”或“铁线”印章的匠人，各大都市乃至许多偏远小镇，都有一大把，但其中堪称“艺术家”的，寥若晨星，究其因，在于是否有“灵”这一点上。

但“灵气”又是一种几乎是“只可意会不可言传”的玄之又玄的东西，要用文章去描述它，是竹笼打水，至多沾一点水沫而已。

除却“泛汉文化”的日、韩、新（加坡）、马（来西亚）等之外，外国人士，尤其西方人士，恐怕对中国人可以将在一块方寸的石头上刻几个汉字的“手艺”当作一门与中国书法和绘画同列的“中国古传国艺”是大惑不解的：不就是一把刀，刻几个或是工工整整，或是“歪歪扭扭”的汉字吗？有一个法国人，去日本研究日本人的生存方式，结果大大吃惊，认为日本人的生活方式乃至其蕴藏的人生哲学，全都可以在两个字上找到最本源的、有别于西方的支点，这两个字是“符号”，那本专著的名字便叫做《符号帝国》，作者罗兰·巴特所举的例子，从日本书道、和剧一直到日本料理和筷子的使用，真是“别有慧眼”。

1995年，任湛雄、梁振宇、蔡照波、何越姬、陈婉慈、钟子琳（从左至右）合影于广州美术馆蔡照波篆刻展

远希堂

可惜罗氏没有到中国来，倘他来到，用心研究一下中国的治印之术，一定会发现，那才是真正的“符号帝国”。

——是的，方寸之中的“符号帝国”，上到皇帝老子，将相王侯，下到书生文士，布衣庶民，古及先秦后汉，近到明清以降，材料从骨、金、铜、铁、玉、石、角、木到象牙，从真、草、隶、行、大篆、小篆、“九叠篆”到“虫蝌蚪文”皆可入印，在这方寸之中，实可以寻到各种不同的无限深厚的“符号意义”来。

所以我想，倘若有人写一本《中国金石木与当代符号学》，一定是一本究远发微，令人耳目一新的学术著作。

闲话休说，言归蔡氏。

蔡氏的篆刻，在近二三十年金石界“白石（齐白石）风”大盛之际，独树一帜，借“现代”以富“传统”，不像纯“现代篆刻”的某些根底浅的后生，借“随意”之遁辞以掩饰功夫与先天不足之窘状，亦不像一些天天操刀，但笔笔师古而无自身创意的“工匠派”，而是走了一条纳古拙于清新的道路。

据说，蔡氏治印已近 2000 方，而人呢，却不到不惑之年，蔡氏于金石之道的前途，恐怕是不可轻易逆料的。

因为他有自己的艺术哲学、牢固的字学功底；因为他有跨诸多行当的知识、“师心自悟”的慧根。

古人有言曰：玩物丧志。本是不错的，但仅仅对“迷”者而言是不错的。

雷氏有论曰“玩物明性”，自信也言之不谬——对“悟”者而言。

比如弘一法师，得道之后，依旧“玩物”：写字、画画、刻印，其志不丧也，其悟益增焉。

——我想蔡照波小弟应该属于后者。

［载《文化参考报》1995 年 8 月 31 日、《羊城晚报》1995 年 10 月 5 日、《国际潮讯》第二十期 1998 年 7 月出版（香港）］

由蔡照波的篆刻到其他

梁　江

艺术的本质是自由——这句话已经说得够多，而且恐怕也是最不容易引起异议的论题之一。无他，盖因为这说法确乎切中肯綮。

其实，艺术也不妨说最不自由。你想想看，哪一门类的艺术没有自己近乎苛刻的“游戏规则”？取消了这些特定的规则，也就取消了特定的艺术门类。无怪乎歌德要特别强调：“在限制中才能显出身手，只有法则能给我们自由。”

法则和限制，这便是艺术自由的前提。

最直接明确的例子，恐怕要数中国的书法和篆刻。记得日本书画家内山雨海曾慨叹，“书法的造型是很苦命的，必须原原本本书写文字，受文字的约束。画三条线成‘大’字，必须照它的姿态那样写，在上面不能多加一点一线”。这话用来说篆刻，则显然是有过之而无不及。这区区方寸之地，自秦而汉，已经演变出或苍秀或谨严或平正或简约的种种风格，其造诣直可与汉赋晋书唐诗宋画相提并论。后人要登堂入室已属不易，要论创造，则只能从历代巨人的肩膀上开始。对于篆刻这样国粹式的传统艺术，学识修养的意义实在不言自明。

这些感想，缘于岭南美术出版社一本新的专集——《蔡照波篆刻》。我尚无缘结识这位尚属年轻的作者，以书中附录的简历得知，作者

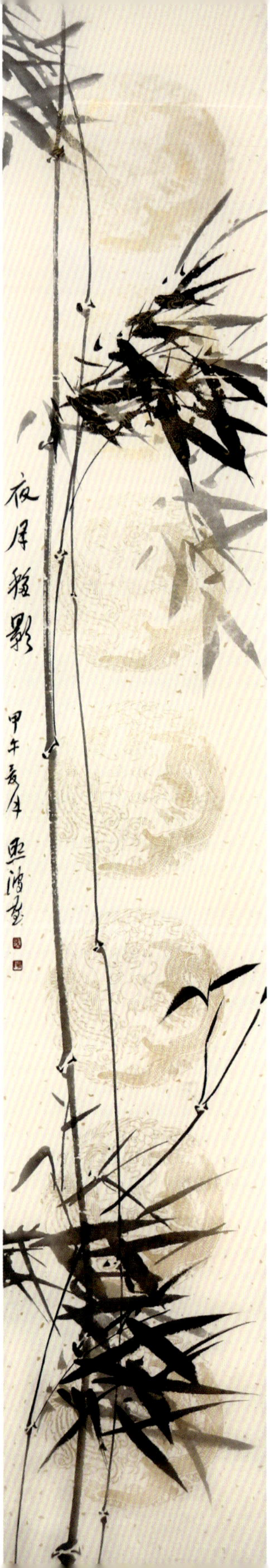

夜月移影　180cm×34cm　2014年

在中山大学中文系学习期间曾随商承祚教授习艺，曾任中大篆刻社社长。这几年，不时从若干报刊读到他的篆刻作品和书艺评论文章。不过，他的正经职业，却是电视台的节目监制，怪不得广东电视台《社会纵横》之类颇有影响的节目不时要出现他的名字。这也就是说，这个年轻作者能出版这样一本作品集，需要付出比专业艺术家更多的精力和时间，对这门艺术要更多一份执着。

蔡照波的篆刻作品，可以看出原先已在传统中花费了相当的揣摩研习功夫。战国的空灵多姿，汉代的浑厚朴茂是不必多说了，明代何震等人的皖派，清代丁敬等人的浙派，以及近世影响甚巨的西泠印社，对中国篆刻艺术的影响都有史可案。晚清黄士陵入粤，开创出圆腴的粤派篆刻——对于篆刻艺术史的流变，蔡照波是相当熟悉的。商承祚先生对于学艺，有“无我”之说，意谓学习阶段不要渗入己意，“察之尚精，拟之贵似”（孙过庭语）。这在学习过程中，确实相当重要。在对待传统的态度上，蔡照波显然受商承祚先生影响殊深。以作品分朱布白，方圆斜正的手法看，他对于传统规范首先抱着相当尊重的态度。

另一方面，蔡照波的作品又明显透着一种聪颖和灵性。在传统的规范，在极受局限的小小天地中，他有意无意地表现出一种灵动和洒脱的气质。对于点线结构和朱白分布，他无疑是十分重视的，不过，我特别对他的边线处理感兴趣。篆刻对边框的处理，本有搭边、借边、破边、击边、残边等种种手法。而蔡照波能结合刀法和结构，以若不经意的方式处置，使作品增加一种生动之感，识者读之，往往有会心一笑。

这样的感想，对蔡照波本人而言，未必都会赞同。因为，从他一系列文章看，他是十分注重创新和发展的。他希望篆刻，尤其岭南的篆刻能走出低谷，走向发展，能有追寻“岭南梦”的一日，这表明了广东年轻一代篆刻家已经明白地意识到自己的责任。确实，艺术是在创造中前行的，它需要个性，需要风格，需要一代一代的接力。不过，艺术创造自由是有前提的。对于篆刻这样的艺术，尤其要有对传统的领悟和独到把握——这些，我想才是蔡照波作品给人最重要的启示。

（载《广州日报》1995 年 5 月 25 日、《粤港信息日报》1995 年 7 月 1 日、《广东画坛闻见录》2010 年 6 月岭南美术出版社出版）

十年一回

半月形石剔除半边框
顿觉有引弓之势
照波刻

灵性与醉

——蔡照波篆刻品读

王璜生

好朋友间平日品茶喝酒聊天，似乎彼此很是了解。但从览阅《蔡照波篆刻》（由岭南美术出版社出版），近日又在越秀山广州美术馆看到他的篆刻原作展，细细品读其中的金石韵味及他关于篆刻书法的文章，顿感与照波君有更深一层的心交。

照波的机智、敏锐和才气，使他总处于生活和艺术的前沿。这是一个对人生有独特见解的前沿，而非人云亦云的时髦。当他意气风发就读于中山大学中文系时，他选择了跟随著名古文字学家商承祚先生学篆刻和古文字，并为中山大学篆刻社社长，有时还切入岭南印学界的批评论争中。这种选择，已包含有独到的前沿意识。毕业后，他到了电视台工作。在扛“枪”东奔西走之余，他未忘于书斋灯下，操刀奏石，急就了一批记录着自己心迹和灵性的篆刻之作。

一块凝重的石头，在冰冷的刻刀镌凿下，产生出具有文人心性灵气和温情的艺术之作。这种转换，首先的一点就是有赖于篆刻家的那份灵性和才情。照波的篆刻多为“急就”之作，有如中国画的“写意”。他往往凭感觉，凭意趣，凭一时胸中之气，驱刀向石。因此，这种写意式的篆刻有了一种独特的审美趣味，即章法布局奇趣有味。这种奇趣，重点在于灵性的融入。他比较重视以意来布局结体，以意生趣。当他为我刻《醉饮》一印时，他着重营造的是一种醉态意趣。

其实，他的许多印章都有不同程度的醉意。

“醉”在文人艺术中，完全应该被确认为一种审美范畴，具有极高的美学品格。“醉”意味着逸出规范、超越羁绊。而这意想不到的面貌和风采也可能产生超于寻常的感觉和效果。

有人说，中国文化，真正钻进去就出不来了。但不走出传统，则永无自己的面目和地位。篆刻更是如此。近年来，一些年轻的篆刻学人有意于向一些像砖瓦、封泥、竹简等以前少受关注的偏门或民间文化汲取养分，以开拓新路径，照波同样在作这样的努力。不过，照波是聪明和富于灵性的。他以一双醉眼来领悟传统，不求形似而求神韵，在入与不入之间，因此有一种出入自由的醉意。你可以感觉到他印章中有秦汉印玺、泥封瓦文的影子，但又很难且完全没有必要对号入座，以求“笔笔有出处”。他往往是凭着其带醉的灵性，以带醉之意挑起和进入他篆刻的冲动，而冲动的结果自然免不了也带有某种醉意，从而逸出于传统的规范而获得新的趣味。

当然，作为金石文字，仅凭灵性和才情是不够的。凿金镌石，这意味着刚毅之气和深厚功力。更何况篆刻学是以厚实的文字学和渊博的传统学识为依托的。“气息博大闳深”，这是论者对昌硕篆刻大家的评语。我们从照波的这批篆刻作品中，看到了他一步步走过来的脚印，有他灵性的体现，也有他睿智的思维和眼光。他思考了许多问题，也尝试着去解决一些问题。这无疑是这一代年轻人对这段历史（包括艺术史）无可推辞的责任。

（载《南方日报》1995 年 4 月 19 日）

方寸间的灵性

林桢武

上回蔡照波到潮州，留下一篇散文稿，未见面，走了。蔡照波又到潮州，留给我一册《蔡照波篆刻》，就走了，仍未见面。

以前我只知道蔡照波是广东电视台记者，写一手漂亮的散文。蔡照波居然还是一位篆刻家，很地道的，他师从著名金石家商承祚，从艺已十载，我愕然！他是一位才子。他整整大我10岁，称我作“兄”，很谦逊的样子，我很感动。我看了他的照片，一个精瘦而英俊的男人，神情冷峻，似有一种情绪在缠绵着。

我一口气读完他集子里的全部作品，在我的笔记本上写下了下面这几句话：

一、艺术家与工匠的区别在于是否在自己的作品中赋予精神内涵。蔡照波说“从艺微醉”，我们生活的世界或许是虚伪的，人的意识和情感无时不在营造一个梦幻的世界，那是一种真实。一方篆刻作品就是一个世界，是自然的高度抽象化，方寸之间是篆刻家的精神载体，是无边的宇宙。篆刻的艺术语言为线条，那是篆刻家的感情流动，是心迹，是血。

二、艺术没有规律，有的是艺术家自身的规律。艺术的个性往往体现在艺术家的灵性上，在作品中充分地表达灵性，是艺术始终要追求的。蔡照波的篆刻直追秦汉，稚拙而高古，但他的作品是他

2009 年蔡照波于书画室

自己的，他几乎是随心所欲地勾勒，整个印作构成浑然，常常露出真趣。这个过程，是从有到无的过程，最终到达无石，无刀，无我的境界，也就“得意忘形”，游刃有余了。如果我们从他的印作中去机械地解析结构，我想是幼稚的，他的线条往往超出常规，但正是在这貌似不足中露出一种奇气，这是他的独到之处。他有自己的语言，就是素朴而流动的线条，不大成形的结体，却很有张力，有一种拙劲。

蔡照波的篆刻又是传统的，每一方印章都熔铸着他对东方美学的理解，因而避免了媚俗，而显得十分的大气。

“脚往哪里，我就往哪里”，我想到了这一句佛语。

（载《湖州日报》1995 年 4 月 6 日）

铁笔指处情自真

——小记蔡照波及其篆刻

余世福

认识蔡照波先生，纯属偶然。15 年前，当我们还在读大学的时候，一次放寒假，在广州乘车回家的路上，因为邻座，彼此讲潮语，谈得投机而相识了。当时，我并不知道他已经是中山大学篆刻社社长。1990 年前后，我多次在《书法报》《中国书法》《西泠印丛》《书法导报》《人民日报》等多种报刊读到他颇有见地的理论文章及篆刻作品，对他有了更深的认识，特别是他的篆刻艺术造诣之高真使我感到意外。后来，照波先生因拍摄《南粤名镇》电视片到了饶平，一个雨夜，于黄冈城我们再次相遇。在街边一个小食摊，我们兴致浓浓边酌边聊，直至午夜。彼时的照波已是一个刻过数千方印章，在各种专业报刊发表过几百件篆刻艺术作品，传略被选进《中国当代书画家大辞典》《中国印学年鉴》《现代书法界人名辞典》的有所作为的篆刻家了。

蔡照波先生外表清奇俊逸，超俗洒脱，与之交谈，深感其才思敏捷，神采飞扬，谈到篆刻更如数家珍。早在于中山大学当学生时，他就拜学于商承祚先生，商先生严谨的治学态度及极高的艺术造诣给他极好的观照。他对秦汉直至明清以来各派诸家的篆刻艺术及其沿革都进行精研，对秦汉玺印体会尤深。在他的不少作品中，他力求用夸张、变形的手法去融化一种情感，在汉印的艺术表现中渗入

小宏

自己的主张。他的一些理论文章，体现了这方面的思考与追求。他在《砚边札记》中写到“通过构图和结字来强化夸张对比手法显得更为重要”，“或通过一字自身或多字之间的分合变化，来求得布白上疏密对比的美感”。他还把印的夸张喻为戏剧舞台上演员的化妆，通过夸张的重涂、浓抹显示一种独到的视觉艺术效果。

照波先生治印，极注重激情、灵感。说到这就想起他对酒的特别爱好，他酒量不多，却喜喝得半醒半醉。他说在此状态下往往激情勃发，灵感闪现，操刀于方寸之间，常有意想不到的效果。因此，他的印章极具个性，作品注重一种强烈的感情独白，似有艺术化的情绪的宣泄，看似漫不经心、无拘无束，然又法度森严、中规中矩。他的篆刻注重传统又有新意，书坛前辈对此多有褒奖。著名书法家秦咢生生前说过“照波的篆刻在我省青年中是一流的”，难怪南朝鲜中国学会会长、汉城大学中文系教授李炳汉博士对照波为他篆刻的八方印章爱不释手，给予极高评价。

蔡照波先生1983年毕业于中山大学中文系，现为广东电视台总编室主任、广东省书法家协会会员、岭南书法篆刻研究会副会长。在电视事业中，照波常有高着，他编导的电视片已有几部在全国、省内获奖。篆刻仅是他的业余爱好，然而对篆刻艺术的执着追求与痴迷使他一发不可收。去年底，岭南美术出版社为其出版了《蔡照波篆刻》一书，关山月、赖少其、饶宗颐、秦咢生等书画界老前辈对他的篆刻艺术甚为关注，特地为《蔡照波篆刻》一书题签。近日又闻广东省书法家协会及广州美术馆联合于4月3日至8日在越秀山广州美术馆名家画廊举办“蔡照波篆刻展”。

值此蔡照波先生出版《蔡照波篆刻》一书及举办“蔡照波篆刻展”之际，撰此一文，以示祝贺。

（载《广东侨报》1995年4月21日、《特区工报》1995年5月11日）

才子岭东来

——记篆刻家蔡照波

梁照堂

他，来自潮汕平原，一身精干如广州人说的“钢条”，干的是记者事业，任职省电视台，常见他发表的感悟人生社会的散文，同时，他还是位出色的篆刻家。

在岭南的印人中，照波先生是位才情出众的篆刻家，一种灵动之气从他的印中散发出来。白文《东山浅唱》《看万山》，朱文《一半秋山带夕阳》《五更月牙》等印，使人仿佛感受到那跃动的生机，以及那透着温热的生命脉搏声。笔画之间，渗着印家的学识与涵养，见出时代的折光。照波兄的篆刻愈来愈引起人们的注目，他的印，出自南国这一土壤，又别出蹊径。

蔡照波的印，一方面得益于他对传统印学金石的研习与审视。他先从晚清印学六家入手，又在商承祚教授指导下研习秦玺，得其风神流韵及追求率真、高古的意趣。他对古文字、金石学以及篆印都下过艰辛的功夫。而其印有今日此成就者，更有赖于他的学养的陶冶。照波毕业于中山大学中文系，对中国文化以至对东、西方文化的钻研，以及毕业后治学的不断延伸，使他能站高望远。

到了广东电视台，记者生涯中对生活的广度体察，使其又在社会实践中得到更深一层的体悟与思考。而且，这一思考又与他在入大学前干过多种职业的生活实践融汇起来。

这样，我们就不难理解他的篆印中所透出的才、学、识，以及与同龄同代不少印家、特别是“就印事印”的印人那种不同的气度。

照波印中跃动的灵气，还同他的情感勃动的性格密不可分。他待人真诚，易动情，还如历代不少才子文人那样，好饮点酒，借得半醉未醉的意态，而进入一种艺术之境，得印得文。本文刚写了开头，我便接到访美艺术交流起行通知，时欣闻照波兄篆刻集行将出版，便在洛杉矶到华盛顿的辗转途中接续，并填《如梦令》词一首以赠：

铁笔直横斜去，刀石性灵翩舞。才子岭东来，半醉酒神杯举。杯举，杯举，饮彻秋晴春雨。

（载《南方日报》1994年6月26日）

全本诗经浅译

为宪生兄译注诗经配印　庚寅年照波刻

诗贺“蔡照波书画篆刻展”

欧广勇

一

公余动笔似涌泉，
朱白超然出玉篇。
莫道冰途难举棹，
茫茫学海创新天。

1995年翰元欧广勇题贺“蔡照波篆刻展”

二

荧屏主事誉南疆，
刀笔神通跻殿堂。
墨海书山连天意，
酬勤分惠满园芳。

2014年贺“蔡照波书画篆刻展”，欧广勇急就

兴酣挥刀刀意醉

——《蔡照波篆刻》序

欧广勇

有道是“才子性情名士酒”，蔡君照波饮酒见醉时可作如是观。他清奇俊逸，刚柔相济，潇洒脱俗，人如此，文如此，篆刻亦如此。

蔡照波，广东潮州人，1983 年毕业于中山大学中文系，他工于篆刻，时有作品、论文见诸报刊。每当他被刀石激发，才思迸溢，带几分醉意，兴酣挥刀，一刻而就。细观其作品，经意不经意之间，构成的形象与神韵，便也有几分醉意，令观者陶然。

守望乡村

早些年，照波是以篆刻见长而加入广东省书法家协会的，继而，他应华南文艺业余大学之聘，讲授印学史、篆刻等课程。他潜心研究篆刻艺术，每有独到见解，便欣然忘食。他能把篆刻这一门古老的艺术深入浅出地传授给学生，让学生在美的熏陶中潜移默化地接受知识，各得所益。在当代，篆刻学习易受时人影响，后学者容易类同一面，照波在教学上的作为，是值得注意的。

照波的篆刻艺术早已在书坛前辈中留下良好的印象，秦咢生老先生生前对照波植根传统而有新意的作品十分赞赏，亲手帮挑选赴日参展作品，曾说“照波的篆刻在我省青年中是一流的”，还抱病为《蔡照波篆刻》题签。现在，秦老已作古了，倘在九泉有知，当会为照波的篆刻作品能结集出版感到欣慰的。

照波与我友善。新近，因他要选编篆刻作品，与我畅谈，他说古论今，探流溯源，纵谈篆刻美学，还谈到日本的篆刻及1990年我与他访问来穗作客的日本篆刻名家梅舒适的事，知蔡君在篆刻方面的知识更深更广了。

然而，篆刻仅是他的一种业余爱好而已。他是广东电视台颇有作为的记者、编导，每有凛凛然之举，令人目瞪口呆。他还写过不少散文，也将要结集出版。他的学养，在篆刻作品中是可以窥见的。

（载《羊城晚报》1993年12月14日、《蔡照波篆刻》1994年9月岭南美术出版社出版、《韩江》杂志2006年第2期）

1995年7月于潮州群艺馆举办“欧广勇 蔡照波书法篆刻展”

情性中人

——蔡照波其人其印

陈广腾

那天，蔡照波呼啦啦地带着一瓶酒到我宿舍来。于是我们摆开工夫茶具，以酒代茶，数杯下去，态醺神畅。

照波体格瘦弱，酒量不大，按一般看法应属“不善饮者”。但照波认为，“善饮酒者，不在乎能否来它个半斤八两，在乎能否进入将醉未醉，一半清醒、一半糊涂的境界。如能做到这一点，即便是你只饮它个半两八分，也已是酒中君子”。又说他饮酒“不过是借得一点意态，进入一种境界”，“只为醉时可抒情，醒后得文章”。

于是，我们便依着几分醉意说着酒话，从饮酒到人生，从人生到艺术，从他的散文到他的篆刻。

篆刻本与他不相干。他学的是中文，干的是电视，但我却陆续在《西泠艺丛》《中国书法》《书法报》《人民日报》（海外版）等专业报刊上读到他的印作和理论文章，还在《中国当代书画家大辞典》《中国现代书法界人名辞典》中看到他的名字。他还在华南文艺业余大学讲授印学。在广东印坛，这位30多岁的青年人正令人刮目相看。

“照波的印颇有灵动之气。”熟悉他的书法篆刻界人士几乎毫无例外地用“灵动”“有灵性”来评价他的印作。我以为这正是一语中的。

善

为二零一三年华人慈善盛典刻　照波

一手好图章，古稀前后封刀，可是依然关心着此道的弘扬。蔡照波就学于商老，老人讲究严师出高徒，指点他从头开始，借助于丰富的资料从规秦抚汉起，直至对明清以来各派诸家的篆刻艺术都精研一遍，然后有所侧重地在专攻秦汉鉨印中求切合当代之变。那时还有一位在广州美术学院开课讲授书法篆刻的欧广勇，蔡照波也转益多师恭敬事之。这位年乃不惑、才气横溢，主要靠自学而成的卓然大家，不但给了他许多贴近现实的具体指点，且其自身作为榜样就是一种生动的鼓舞力量。

“天行健，君子以自强不息。”曾经亦农亦工，如今又踏入高等学府的蔡照波，深知世事的机遇难得，他虔诚地跋涉在篆刻艺术的追求中，感受到要成就一门艺术，才、学、识无一不可或缺。有学无才，好比纵有良田百顷，不擅耕作也是枉然；有才无学，好比尽管心灵手巧，没有材料工具也造不起宫室来；没有器识，正邪不分，胸无大志，自然是虽有才学也还是派不上大用场！“先器识而后文艺”，“先气采而后形质”，对于要在方寸之地经营出气象万千的篆刻艺术说来，无疑是更需要具有尽可能丰厚的书法、章法、刀法以外的功夫来涵养它。珠江岸边、康乐园里的几年大学生活，使蔡照波得以在若干大家引领下，沿着上述这条追求篆刻艺术之路，扎扎实实地迅猛向前迈进了一大截……

待到我在中山认识了蔡照波，那已是他大学毕业后做了7年电视台记者，篆刻过数千方图章，在书法篆刻报刊上发表过近百件篆刻艺术作品，称家上辞典之后。幸好我临离广州在当天的《粤港信息报》上读到他一篇篆刻艺术的随笔《西泠梦》，已知此君见地不凡。如他以自己名字那样观照岭南篆刻艺术的逝波，敢于直言不讳地认为“咱们岭南，自晚清黄牧甫两度来穗之后，虽产生有李尹桑、邓尔雅、冯康侯、黄文宽等不少有成就的印人，惜多数都在黄牧甫的面目上向极致发展而已。毕竟，艺术的生命在于创造而不在于因袭”。相反他很推重当代岭南一些年轻印人篆刻创作能在历史和现状中意识到自我，主动寻找自己的艺术感觉，勇于自我选择和自我调整。待到从中山返穗后，我有便读到他若干发表在第一流书法篆刻报刊上的篆刻作品，立即感到眼前一亮，即刻拿定了主意要请他为我一位外国朋友刻几方闲文印，那位外国朋友还将在外国发表。

是这么回事，南朝鲜有个中国学会，会长是资深的汉城大学中文系教授李炳汉博士。2月间他来广州看我，临别有此一托，印文是他急急忙忙就日常讲课时每提到的中国成语中选定的：上善若水、道法自然、无为无不为、登山观海、竹心空空以体道、大方无隅、山水出云为天下雨、满招损谦受益。这位精通汉语的行家，还希望在篆刻家的刀石之间得以一睹今日中国篆刻艺术的情韵。这就难矣，为此我压了很久还没办。

“五四”中国青年节那天我向蔡照波提起，他竟毫不犹豫地答应了下来。问我什么时候要？我说半个月后。半个月后，他三更半夜把刻好的印准时送到我家。

好写意的八方闲文印！我试领略他在刀石之间交织的是一种怎样的今日中国篆刻艺术的情韵。炳汉兄拟的印文多是老庄哲理名句，“道法自然”，道家崇尚自然，崇尚“无为无不为”，蔡照波的印是刻得那样无拘无束、洒脱自然、重感觉，好像全不在意，却又深藏着篆刻艺术的森严法度，特别是秦汉钵印的“拙稚”中胜以韵，“支离”间流而宛的情致和韵味。其实向往自然又何止是道家的追求，当代的中国人民、全世界人民都在更深刻的意义上，无边地渴望着和平自由清新宁谧的大自然、爽朗豁亮充满生机和创造的大自然，与这种大自然相和谐的学习、劳动和生息……

艺术风格的形成归根到底还是时代使然，所以我进而想到蔡照

2007 年，蔡照波（左三）和李平、梁晓庄、郭莽园、余正、周国城、桑建华（从左至右）担任"百年西泠·世纪经典·中国印"华南赛区评委期间合影

波的篆刻艺术追求似乎是：顺乎时代的潮流，大胆地求变自强，在多元的艺术海洋中上下求索，寻找本门艺术和个人风格的无愧席位；而变又不是目的只是手段，归终的目标仍是既能体现强烈的时代气息又不失强烈的民族个性，且经得起社会的检验和历史的鉴定。

（载《粤港信息报》1990年6月23日、《蔡照波篆刻》1994年9月岭南美术出版社出版、《窗外那么美》1996年9月岭南美术出版社出版、《苏晨应约序跋集》2012年5月北京时代铭语文化发展有限公司出版）

铁笔墨韵意超然

——书画篆刻家蔡照波

中国教育电视台大型纪录片《艺术中国》系列节目

总策划：康　宁　　主编：吕淑湘　　编导：刘　慧

泼墨挥毫，酒意微醺，一幅风中墨竹渐渐地在画纸上初现风姿。然而，刹那间，画者的笔尖径直蘸入酒杯，随即挥酒入画，那稀薄的红色便在画面上晕染开来。旁观者不由得惊呼，而作画的蔡照波竟浑然不知，他仍沉浸在诗情画意之中。

蔡照波：当时酒喝大了，喝多了，把旁边的酒杯误以为是装墨汁的，笔就往里面蘸，一画就带上了红颜色，酒醒了，哇，别有一番情趣。

许钦松（中国美术家协会副主席、广东省美术家协会主席、广东画院院长）：墨竹当中有时候是稍稍喝了点酒之后的那种非常得意的，非常信手拈来的那种，一个意象的一个东西，一种毫不约束底下的状态，一种放任的、豪放的状态，去表达墨竹当中或者风雨当中墨竹的那种神韵。

蔡照波并非迷恋于饮酒的畅快，而是陶醉于酒意所营造的醉态意趣之中，它使心灵摆脱纷繁的事物，以醉心于艺术的遐想。那是忘我癫狂的状态，是探求艺术的最原始的冲动。醉意中的墨竹，清新飘逸，而酒后的篆刻则是灵性率真。

蔡照波：“酒余有真气，醉里得菩提。”因为我说我的印很多是酒后，往往我的作品很多是酒后，得以空闲我就动手了。

折取寄情人 138cm×34cm 2011年

酒意的朦胧并未妨碍刀与石的碰撞，而是更多地赋予了它们奇峋险峻与灵透秀美。蔡照波用搭边、借边、破边等手法，以若不经意的方式处理边界，为作品增添了一种生动之感。

蔡照波：我觉得我的特点就是除了线条之外，每个印的边都不是完整的，都是借边，这个湖山灵气是借这个边，这个也是，这个三点水都突破了边界，这是我在审美上的认同感。这样的一个处理方式在汉印的许多传世佳作里都可以吸取到它的一些精髓的地方，所以从汉印里借鉴过来的。

这些篆刻作品古拙浑厚又不失灵动，它们与汉代印章一脉相承，这是蔡照波数十载艺术探索的沉淀。而他与篆刻的故事，我们还需从 20 世纪 70 年代讲起。

那时的蔡照波还是一个普通的潮州少年，他每日往来于学校和家庭之间，然而，就在这平凡无奇的放学路上，他遇到了影响一生的机缘。

蔡照波：高中的时候，每天放学回家的路上，经过校门口看到有个摆地摊的一个外地人在那刻印，立等可取，很快的，你交五毛钱他马上给你刻一个印，很感兴趣，学生们都围过去，我也围过去，后来慢慢也觉得，这个不叫生财之道吗，是立身之本的一个方面吧，我觉得这个手艺学学也不错。

于是，蔡照波便开始自学刻印。后来，他练就了不写印稿直接刻印的本领，最快能在 7 分钟内完成。但那时蔡照波的篆刻更接近于工艺的制作，他真正走向艺术之路，还是在他的大学时代。1979 年，蔡照波考入了中山大学中文系，在那里他遇到了著名的古文字学家、金石篆刻家商承祚老师。

蔡照波：商先生在这方面造诣很高，他看了我的作品后说你的作品刻得好是好，但你这刻的是工艺，工艺和艺术一字之差就差千里啊。但是慢慢地，商老引导我们还是学秦汉好，秦玺汉印，后来我更多地把精力放在汉印的研究方面。

蔡照波是幸运的，他不仅得到了名师的指点，还从中山大学中文系的古文字课程中收益良多。

陈炜湛（中山大学中文系教授、博士生导师）：书法篆刻学和古文字的关系，是天然密切的关系，你看，那么有成就的篆刻家，从明代到清代，多是研究过文字学的，很多是研究过青铜器铭文。古文字课，他很喜欢，可能这门课对他影响比较大，那么影响呢，就是对他从事书法篆刻艺术的创作，打下一个比较好的学术基础。

20世纪80年代前后，物质生活并不富足，蔡照波用于篆刻的材料也往往是就地取材，甚至连牙刷的塑料柄、象牙筷子这样的生活用品都成了他施展技艺的一方天地。

谭步云（中山大学中文系教授、硕士生导师）：因为我们那个时候80年代初期嘛，还比较困难，他用什么东西刻呢，用那个牙刷的柄啊，来刻。哇，刻得很精细，当时他给那个子新刻的那方印非常好啊，先秦的那些东西，原来他是受过这么严格的训练，才知道，太厉害了。我对这个印象最深。

大学毕业后，蔡照波进入了广东电视台工作，他从一名普通记者成长为频道总监，再到如今的南方电视台台长，忙碌的工作、事业的成功并未削弱他对于艺术的热情。常常蔡照波忙完公务，已是月光满城，他索性在月光下点亮一盏孤灯，就着这份寂静在一方石章上刻画雕琢。

“我困了、倦了，我便爱拿起刻刀，向着小小石章，倾诉心曲，每每一印镌就未免陶陶然乐在其中，即便如此，仍要闭上眼睛往印面上再行敲打几下。”

蔡照波：一般看来篆刻非常单调、枯燥、寂寞，但是当你很有追求很执着很投入的时候，这个石头在你心目中就相当于是不亚于阅读一本爱情小说，爱不释手，所以读印谱就像读小说一样，那么吸引人。

在中国篆刻界，有一个享誉海内外的学术团体，叫做西泠印社。它已走过百余年的历史，是研究金石篆刻历史最悠久、成就最高、影响最广的篆刻团体。百余年中西泠印社仅有社员600余人，其中名家辈出，他们中有吴昌硕、潘天寿、沙孟海、赵朴初、启功等艺术史上赫赫有名的大家。

在多年的探索中，蔡照波从秦汉印中汲取养分，并在传统的继承中融入现代审美意识，他的作品既朴茂浑厚又透出一份灵动洒脱的气质，他以精湛的技艺，高雅的审美趣味获得了业界的好评，蔡照波也由此成了西泠印社的社员。

周国城（西泠印社理事、广东省书法家协会副主席、广州市美术家协会主席）：在传统的基础上他又体现了自己的审美意识，他的印虽然在秦汉印之间，但是他很多是自己的，所以这点是了不起的。所以他能够成为我们西泠印社的社员呢也是当之无愧的。就是像刚才我看的作品比方说《止于至善》，这件作品它的布白它的形式包括它的这个刀法，虽然是一方很普通的，但是它在我们秦汉印里面是一个很有代表性的一个风格。看上去不起眼，很古拙，有一种篆刻的审美意识在里面。

王贵忱（古钱币学家、金石学家、书法家）：时间有限，年纪轻又忙，但他刻的东西呢，篆刻当中最关键的东西他都掌握到了，有笔又有墨。他的篆刻布白配置有笔有墨，这个就是赵之谦和吴让之提倡的那个，他抓到了这个。他的篆刻呢，主要的还是从汉印开始，汉印是我们古典的，而后就牵涉到皖派、浙派，所以他这个路子走得对，效果好，时间短，成效大。

有笔又有墨，蔡照波将浓郁的笔意墨韵赋予冰冷的刻刀，在印章的血红与雪白间倾注情思。然后，他又将刻刀的凌厉与坚定传递给松软的笔尖，使他笔下的墨竹竿似铁，叶如箭。

蔡照波：修古文字的时候老师教我们要中锋用笔，写这个篆书，这个后来中锋用笔写篆书这种笔法就融入我的墨竹里面，画竹竿，所以这个竹竿很有中锋的味道。

竹子，是萦绕在蔡照波脑海中的童年印迹。故乡潮州，这座富有底蕴的千年古城，给予了蔡照波最初的生命律动和心灵关照。

蔡照波：我们小的时候呢在潮汕平原，虽是平原，也有江，一条韩江，两岸许许多多的竹子。每到春天的时候，春水涨了，所以高很多啊，江上漂着许许多多的竹排，所以对竹子的认识在童年的时候记忆尤深，非常的美好。一直延续下来，到了我长大了出来读大学了，然后写文章了这些都不时在我的笔下出现，变成一种财富了。

蔡照波经常漫步于竹林，在大自然的气息中观察、感悟。阵阵清风扬起了一片片竹叶，茂密的竹林便在风中沙沙作响。蔡照波常常沉醉于这样的竹海，醉心于风竹摇曳的意境。竹，是蔡照波艺术性情的一种自然的表露。

蔡照波：当你的眼睛定格在这样的情况下，全部都是竹竿，竹叶都是小小地在衬托。

他的画面中，参差错落的竹竿成为画面的主体，寥寥几笔竹叶，在传统的意味中给人以抽象的美感。蔡照波的墨竹，在造型布置上高度概括提炼，删繁就简，以少胜多，他以落落数竹，便使人们犹入一片青郁葱翠的竹林之中。他所描绘的每一个竹竿、竹叶、竹节总是笔笔得势、得神，显露出生气，在他的笔下，枝枝叶叶总关情。

蔡照波：不求形似，求神似，但在这个神里头呢，这个精气神、这个意蕴很重要。那么古人说这个画画，胸有成竹，实际上我画竹子呢首先是心中无竹，然后才画自己意念中的竹，理想中的竹，记忆中的竹。

笔意飞扬、物我两忘。蔡照波笔下的墨竹极富清劲之风，它们常常是飘逸的风中之竹，萧萧的雨中之竹，一股文人逸气便在风雨墨竹中油然而生。他下笔势如破竹，实按虚起，竹竿修长极具上进的势头，竹叶风姿绰约、充满灵动，整幅作品清新明净，竹子顽强的气节被刻画得生动而富有新意。

梁江（中国美术馆副馆长）：他的墨竹现在看来在技法上已经达到娴熟自如的境界，他下笔已经很随意很自如了，得心应手了，他在

知音 180cm×34cm 2014年

拿上笔蘸上墨对着纸的时候，他都显得自己创造有种艺术上的诉求，有种感悟要通过笔表达出来，这样就是，他的墨竹实际上也非常有特点，在笔墨上不但娴熟、中规中矩，把前人所积累下来的这种技法上的长处都能运用上来，而且他有意识地表达自己的审美感悟。

所谓“仁者乐山，智者乐水，贤者乐竹”。蔡照波的墨竹，不仅仅是个人情感的排解，它更是作为社会角色的一份担当。2008年广东遭遇雪灾，蔡照波在《羊城晚报》上发表了墨竹作品《瘦竹凌寒》，画中寥寥数枝竹竿，纤细而坚韧，它们在寒风中傲然挺立。虚心、有节、不畏霜雪，《瘦竹凌寒》正是他为奋战中的广东人的由衷赞美。

在篆刻和墨竹之间，我们看到了蔡照波艺术创作的两面性格：篆刻作品的严谨，与水墨作品的恣意奔放。篆刻中，我们看到了刀与石迸发出的力量，那是内在的美、结构的美；墨竹中，我们感受到的是笔墨挥就而成的神韵，那是毛笔与心灵的高歌。

许钦松（中国美术家协会副主席、广东省美术家协会主席、广东画院院长）：我想，一个人的才能其实有多方面的。但它实际上呢有内在的关系，比如说我们看蔡台现在他墨竹当中那种守得住的，他狂放当中有这种守得住的这种固守这样的力量，固守的力量的这种用笔，特别线条也得力于他这个篆刻带来的这种金石的精神。这种精神呢又使得他在这种狂放当中又守得住这种力量的所在，令他这两个优点能够结合在一块。那么从此我们看出他的艺术的天地非常广阔。

熟悉蔡照波的人，都会被他的才情所折服。除了篆刻、作画外，他还写得一手好文章。他的文风如同他的艺术作品清新隽永，优美而富有内涵。它们集结成册，蔡照波为它起名《渡你过海》。这些散文精短凝练，情感真挚，在细微之中蕴含哲理。

蔡照波：你跟我说，你是很执着的，很认真的，不随意的，有时好几次好像都要成了，可是放弃了。我就说这是多少次渡口的执着和徘徊，但是今晚你我无约，我一定放飞这个渡船，把你渡过来。

空闲时，他时常约上三五个好友，写诗作画，饮酒品茶，不亦乐乎。几个艺术门类的交错混搭，使他对艺术的感悟更加立体、丰富，他的作品浸染着耐人寻味的人文气息。

人们很难想象，这位印名、画名颇具影响力的蔡照波竟是一个电视媒体人。在他看来，电视与篆刻绘画都是他要耕耘的一方天地，一个镜头、一方石章、一张宣纸，它们都承载着蔡照波对现实人生的思考、对艺术的探求。

蔡照波：但实际上你把它作为一个片段，时间片段，画面片段来分切的话，你看到电视画面是一个方寸，我篆刻呢也是一个方寸，一幅画也是一个方寸，就是在这样的面积里面你如何去耕耘，如何去作为，所以把它定格在一个画面里面，实际上都是一样的。把这个电视画面定格，那么它实际上呈现出来的状态也跟我们一幅画、一方篆刻章是一样的，需要谋篇布局，需要有所追求。那么在这里面，不管是黑和白还是红与黑，它整个意蕴是相同的。

令人们更为惊讶的是，蔡照波不仅在篆刻绘画方面有所作为，他在电视工作上同样成绩斐然。作为南方电视台台长，他带领团队，打造了一批批具有地域特色、人文关怀的优秀节目，在电视行业中屡获大奖，树立了电视台的文化品牌。电视与篆刻绘画，这两个看似毫不相干的领域，却在蔡照波的身上得到了完美结合。

蔡照波：我觉得艺术要跟社会生活相结合，文章、艺术要跟随时代的步伐，艺术家也好，对艺术有追求的人也好，他的眼光要关注社会的方方面面，我当记者当编辑，这个平台给我提供了一个广泛接触社会的机会，是个很好的平台，这种社会的元素会加深我对艺术的思考，然后对艺术的思考，对艺术的追求反过来也会提升我在电视方面的作为。所以互为补充，非常完美，没有矛盾。

篆刻绘画使他常以艺术的眼光观照生活，以竹子般的空疏之心去解悟人生；他热爱文学，常以诗人的情怀倾诉生命。而这些艺术的情怀，最终升华为一种文化的积淀，悄无声息地注入到了蔡照波的电视事业中，实实在在地提高着电视作品的档次、品味与深度。

梁江（中国美术馆副馆长）：蔡照波的文化人情结是很深的，他无论干什么，他学文学干电视，他除了学好自己的专业，做好自己的本职工作，他对文化的追求对艺术的探求，他的欲望一直很强盛，他有一种很深的诉求他没有放弃。我想一般是否会影响本职工作或与本职工作是否有矛盾，我觉得他在深层的地方恰好形成了相辅相成的关系，因为他没有对文化的这种深入的体验、对中国文化这种很深的热爱，我们很难去想他能把电视能把文化的这个工作做好，所以我想这点恰好是体现了他的长处。

也许正是因为无法将全部时间投入创作，蔡照波对于艺术的激情反而更加强烈。他视篆刻绘画为爱好，将它融入生活，滋养心灵。

蔡照波：书画篆刻作为我的业余爱好，不管我到了哪个层面，到了别人说业余的人搞出专业的水平，我也认为我是业余的。因为我觉得我本身是有一份职业，然后是工作之余在追求这个书画篆刻艺术， 那么这个反过来会丰富我的人生，滋润我的事业。所以在这方面呢我觉得是一个抒情写意的爱好。

蔡照波为人质朴、为艺真诚，虽身为一台之长，但他仍以平常之心待人接物。他的修为与才情令人称道。

王贵忱（古钱币学家、金石学家、书法家）：做工作又谨慎，待人接物又诚实，但是又有原则，同时另外一个方面呢他做功夫，做业余的功夫啊，他当台长太忙了。他这个在工作之余利用时间也利用得好，他不滥交，很谨慎，也很得体。所以台长在待人接物方面啊都很有风度，很有尺寸，而且很得体，对人很得体，给人印象始终很亲切。

陈伟武（中山大学古文字研究所所长、博士生导师）：在业务方面成就大家有目共睹，对工作充满激情；在艺术追求方面充满才情。所以他是用情不专，多情才子。

在蔡照波看来，不管追求哪一种门类的艺术，都应当以激情进取，创新超越，实现一种为时代所需要，又在书写时代的价值。他在刀与石之间、笔与墨之上，畅快淋漓，书写人生，这就是至情至性的蔡照波！

（中国教育电视台 3 套《艺术中国》栏目 2012 年 12 月 1 日首播）

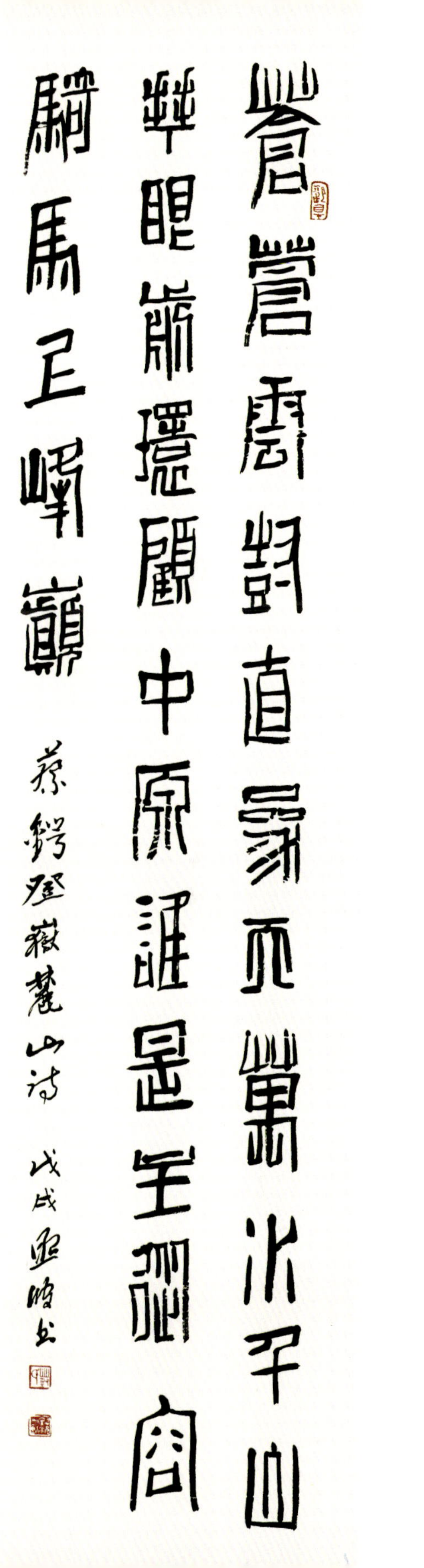

苍苍云树直参天，万水千山拜眼前。
环顾中原谁是主，从容骑马上峰巅。
蔡锷登岳麓山诗
38cmx180cm 2018 年

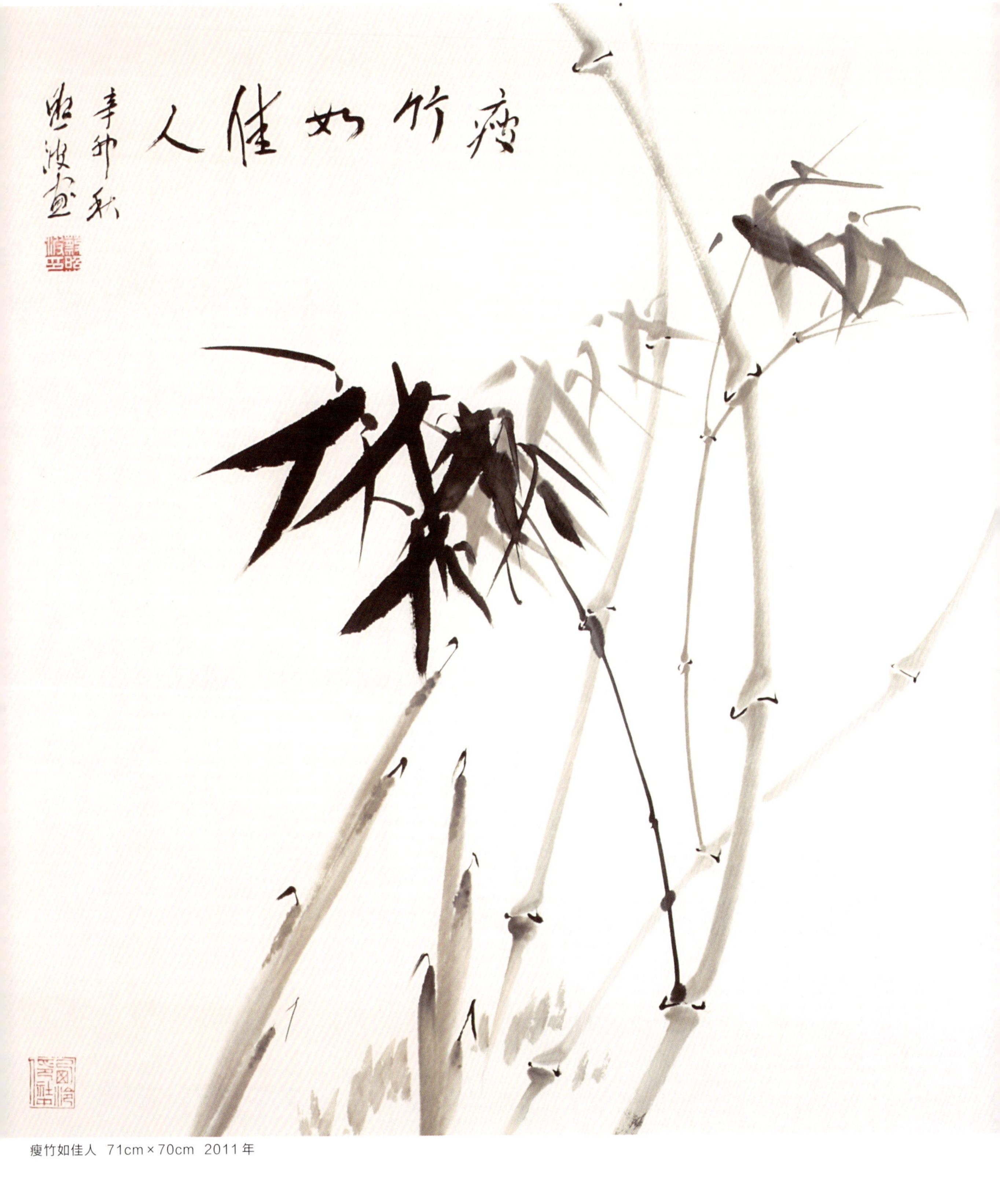

瘦竹如佳人 71cm×70cm 2011年

贰

创新和奋斗，就会永立于不败之地。

记者：随着时间的推移，媒体的内外生态会发生变化。作为领军人，需要未雨绸缪，提早布局。

蔡照波：是的，我们正在着手“南方新模式”的战略布局——做强，先做大，打造有掌控力的强势媒体。在全国的电视版图中，我们身处广东，尽管在本省以地面覆盖为主，粤语卫视以覆盖海外市场为主，但南方电视人有把南方电视台打造成代表广东电视符号的雄心和能力。有了这个目标，再加上全台人都围绕这个目标发力，相信我们会实现自己的理想。为此提出“中国·南方”口号，淡化地域概念，希望南方台的影响力走出广东。另外，将启动频道的升级打造工程，深入挖潜、多方衍生，提高频道的资源溢价。同时与时俱进，更新人才管理模式，包括引入创新人才激励机制。另外，电视剧、体育节目和新闻直播节目是衡量一个电视台的实力和规模的三大指标，我们要为此作出努力。

下一步计划把5个频道的发展定位纳入全台整体战略研发中。目前5个频道是从内容方面来区分的。而地面区域性的市场，受众需求最多的无非是民生新闻、电视剧、本土化的短剧及本土服务资讯这几大块。因此，要向市场需要的内容元素靠，调整原有的频道定位策略，放弃一直以来以内容卡位的方法，尝试以区域卡位。具体说来，就是把全省市场细分成省会、中心城市、县乡三级市场。在每一级区域市场各培育一个强势频道。同时，将两个专业频道打造成两个产业平台，尝试走内容产业化的道路。

记者：广东拥有两家省级电视台——南方电视台与广东电视台。两家电视台的目标定位有何特点？您以为南方台负有怎样的使命？

蔡照波：简单地说，南方台凸显民生内容，广东台重在时政方面。我们虽有区别，却是互补。以民生报道为主，更好地服务百姓，南方台的民生新闻一直做得非常不错。

南方台之所以一直打民生新闻牌，是因为早期一缺资源，二缺实力，三缺经验，对于时政“大”题材，难有“大”作为。而今天

2011 年 8 月 25 日，《五星红旗迎风飘扬》获“飞天奖”，蔡照波在北京国家体育馆颁奖晚会现场接受采访

的南方台，方方面面都有了长足进步，既然有志于做强做大，肯定是要做大新闻。下一步我们会在加强影响高端人群的时政新闻和彰显媒体质感的深度报道、深度解读节目方面着力提升。跟独家新闻相比，我更重视独家解读。如果只是打时间差，新闻比人家早一天半日播出来，没有大意义。新闻每天海量发生，我们怎么选取？一言以蔽之——要民生新闻，更要大新闻；要独家新闻，更要独家解读。

记者：电视剧对于电视台而言，是让人既爱又恨的东西。大部分台的广告主要来自于电视剧，但好的电视剧竞争激烈。南方电视台的电视剧制作在业内颇有影响，如《潜伏》《五星红旗迎风飘扬》等作品，既叫好又叫座。

蔡照波：现在是以剧为王的时代，投资、合拍电视剧，已成为电视台掌控资源、创建品牌的一着高棋。在这方面，南方台被业界认为是一个成功者，立项、投拍的《潜伏》和《五星红旗迎风飘扬》都获得了中宣部“五个一工程奖”和“飞天奖”。投资、生产包括购买电视剧，是一门大学问，要把好市场脉搏，我提出三条标准：一是接地气，百姓喜闻乐见的；二是有社会责任感的，反映重要历史事件的；三是带有地标性，最好是跟广东地缘相关，能展现广东本土特色的，如我们立项参与投拍的《下海》。光游到上游还不够，只有成为源头，才能决定河流的走向。

记者：在影视剧制作方面，下一步有什么新的规划？

蔡照波：电视剧始终是一种外向型、风险大的资源，因此，南方电视台早已开始布局，将核心资源掌控在自己手中，拍一些有自主品牌、自主版权的生活剧或者叫情景剧。我把这叫做“南派自制短剧”。正常电视剧一集45分钟，南派自制短剧是20多分钟，一集一个故事，新鲜事可随时收集，现编现拍，生活元素很多。这能够把新闻事件及时地嵌进去，才能受欢迎。比如一些刚发生的案件，很快就可以编进短剧里播出，还能把理儿说得更透。电视剧一般大投入、大场面、周期长。“南派自制剧”则短平快，自主权掌握在我们手上，可卖、可多次播出。

什么叫“南派”？武术有南拳北腿，绘画与北方画派相对应的是岭南画派，各有所长。在电视剧方面也可把一些南派特色做足，《公关小姐》一看就不可能是北方拍的。开放性、包容性、贴近性是南派剧的特色，把广东毗邻港澳、对外来文化“投缘”的地缘优势，和广东人对时尚、新潮元素的敏感把握上体现出来的人文特色，很好地结合到一块，一种兼容并蓄的做派会更多地在我们作品里面体现。

我曾提议打造南派纪录片，得到了学界、业界的认可，中国电视艺术家协会、中国视协纪录片学会委员会授予广东电视台“南派纪录片创作基地”称号，每年一度的中国（广州）国际纪录片节也有南派纪录片的评奖。很多北方电视台的电视剧注重故事分量与大的事件，我们则侧重关注小人物与小事件，一滴水照见太阳。比如南方电视台创作的《深呼吸》就是通过“环保”这一视角的观察，赢得了中国电视金鹰奖纪录片大奖。

侠骨柔情的实干家——关注幸福指数，和风细雨又不失男儿气概

——作为台长，应该有企业家的担当和作为，抓大放小，以人为本，把下属的创造力和自己的宏观把控力结合起来。多付出一些，员工幸福感就会多一些。

记者：在广东电视台近30载，从编辑、记者，到栏目总监、部主任、副台长，又调到南方台任台长，您可谓步步坚实。

蔡照波：无意为官，却被委以重任。我在广东台经历过6任台长，每任都给我调整了岗位或职务，没落下一步，也没有跳过一级，我还是比较接地气的，是吧？（笑）

最初没有管理经验，但是有自信。于是不断地用心学习、揣摩、完善，广泛借鉴各兄弟台经验，且“本土化”运用。对人不求全责备，以人为本，知人善用，这些虽然是老话，但却是管理的精髓。作为领导不可能要求每个人都是完人，能用人所长，一个团队就非常有生命力了。另外，放手最重要。放手让大家去做，自己把住大的。把下属的创造力与自己的宏观把控力结合起来，工作就顺了。

记者：知识面是不是很开阔，在工作中是否能高屋建瓴、高瞻远瞩，是不是能有预见性，都是对一把手领导力的考验。但最大的考验，还是团队的执行力。

蔡照波：是的。当有好的意见与观点时，就要靠手下人来推进。这时你就需要让大家为这个愿景努力，让大家理解愿景非常重要，这会把精气神凝聚到共同点上来。我不太喜欢李阳（疯狂）英语的鼓动性、轰炸式说教。媒体人个个有思想，作为“班长”，既要和风细雨地给大家讲道理，更要有一颗强大的心，让大家认可、支持你。我喜欢让大家潜移默化地理解并接受我的观点。

事实胜于雄辩。过了一定的时日，大家是要看实际效益的，所以每一步要出成果。我要让员工感受到我们不是说空话，而是一种实实在在的幸福指数提升：员工收入、福利待遇提升。

领军人物要提供有利于生产力解放的创新机制，当大家有某种

秋风秋雨秋声 138cmx34cm 2011年

呼声，当原有制度不适应新的发展，就要勇于改变，哪怕以得罪一部分人为代价。给你讲一个细节：我刚到南方台履新的时候，看到全台700多员工，仅进门证就有好几种颜色，而很多一线员工的身份也是五花八门。为了让大家共同享受到劳动成果，去年我们把200多个劳务派遣的员工转为了正式员工，统一了工作证。大家感觉自己真正是这个台的主人了，地位平等了。我们多付出一些，员工就多一些幸福感，集体就多了向心力。

记者：您从小对艺术情有独钟。艺术是感性的，管理是理性的。二者在您身上如何融通？

蔡照波：一切都是水到渠成。只有非常的理性，才有极度的感性。只有当你把事情想得透彻，才会有一种脱口而出的随意。没有随意的浪漫、感性，也没有一成不变的、刻意的理性。

管理就是做好人的工作，团结并发挥员工的才能。这时候要尽量把搞艺术时的棱角磨圆一点收藏起来，工作时间扮演什么角色，工作之外又如何调整，自己要准确地定位。

嗅觉敏锐的经营者——栽好梧桐树，引来金凤凰

——单频道广告总代理制不是最好的模式，却是最适合南方台发展现状的模式。不打无准备之仗，不打仗的时候要练兵。“盛典”品牌聚人气，扬正气，扩展了经营平台。

记者：您2010年8月走马上任后，大刀阔斧地改革广告经营模式，在质疑和观望中，2011年把实施了9年的广告一级代理制，改为单频道广告总代理。这

一举措成效斐然：仅用半年时间广告净增一个多亿，全年提升两个多亿，增幅近40%。

蔡照波：单频道广告总代理制是目前最适合南方台发展现状的模式。开展这一经营模式变革，目的是希望从内部激发出更多生产力和创新力，从而使这一年轻的电视媒体实现自我蜕变。

建台初期，采取一级广告代理制、强势和弱势频道捆绑经营、大额套餐等方式经营，取得了显著的成效。但随着不断发展，上述模式出现了缺憾，形成了经营规模难以大幅增长和突破的瓶颈。单频道广告总代理制不仅提高了广告和频道的契合度，而且使频道的价值清晰化。

下一步，我们打算采用以栏目招揽广告的模式。但这需要有自己的品牌，如仅江苏卫视的《非诚勿扰》一个栏目，2012年的广告招标金额就高达18亿！现在南方台正在培育开发一批打得响、社会美誉度高的新节目、新产品，如大型综艺节目、新闻评论栏目等。栽好梧桐树，才能引来金凤凰。再下一步，将迎来跨媒体的捆绑营销，这就得在新媒体发展到一定阶段才能实施了。

记者：随着国际经济形势的整体下滑，传统媒体的广告经营普遍面临挑战。内地不少台长有这样的苦恼：抓内容导向顺手，搞经营让人头痛。去年南方台出现部分广告总代理公司经营不善，提出减免任务的要求，甚至有的提出退出。在种种不利因素下，全年总收入却比上年增长20%。这样的成绩是如何取得的？

蔡照波：当有广告代理公司出现情况时，我们便启用预案。不打无准备之仗嘛，不打仗的时候要练兵，客户联谊、市场调研这些平时都在做。我们自己的广告公司甚至做总代理的二级代理公司——危急时刻，我们自己就应急而动，直接切入市场。

南方电视经营秉承“客户至上”原则，依托现代整合营销理念，竭诚为客户提供高质量、全方位、个性化的媒介增值服务，共同实现品牌营销的双赢。下一步我们将建立“经营创意头脑风暴机制”，让最优秀的节目制作人和最优秀的广告经营者甚至客户紧密联系，顺畅交流。

作为台长，应该有企业家的担当和眼光。媒体一方面是事业属性，一方面是产业属性，要做大产业，必须把自己放在企业家的位置上来布局全盘。

记者：南方台不但广告经营得好，活动也搞得好，尤其擅长以活动树品牌。如“盛典”系列就很成功。

蔡照波：我们提出“品牌也是生产力”的观点，按照电视工业化标准陆续推出“盛典”系列，以品牌活动拉动产业升级。

“南方时尚盛典”，以历经10届的南方新丝路模特大赛为主体推动电视与时尚的完美结合；“南方影视盛典”，观众用遥控器为明星加冕，铸造中国电视剧的华南风向标；“南方·华人慈善盛典”，善泽南粤，侨爱中华，为中国慈善事业鼓与呼；“南方阅读盛典”，用阅读点亮人生，被广东省委宣传部列入南国书香节重点项目；“南方多媒短片盛典”，中国首个“多媒”短片节，一流评委助阵，被列入广州（国际）纪录片新媒体短片奖项目。

这些“盛典”品牌竞相推出“媒介仪式事件”，聚人气，扬正气，把主旋律、向上的力量聚在一块，再传播开来，在扩大南方台品牌影响的同时，也扩建了经营平台。

颇有造诣的艺术家，艺术修养使电视作品更浑厚，对事理的把握更通透

——人不应是平面的，如今的审美提倡混搭，在专业上应混搭，在角色上亦如此。有一个习惯是必须坚持的，那就是阅读，老读名著的人，就不俗。

记者：您在中国电视界的领军人中算很特别，除了“台长”的头衔，还有“西泠印社社员”“中国书法家协会会员”“广东省书法家协会副主席”“广东省政府文史研究馆馆员”“广东省作家协会理事”等似乎与一台之长不相干的身份。您觉得哪种身份最像您？

2014年，方土、蔡照波、洪楚平、吴瑞生（从左至右）在西藏为《品味艺术》写生创作基地揭牌

蔡照波：呵呵，都像我。人应是立体、丰满的，不应是平面的。温文尔雅的人有时候也会发脾气，张扬他性格的另一面。人不该在压抑的状态下生活，细腻、温柔、率真却又不失男儿气概。社会发展到现在，更多元、立体。如今的审美观提倡混搭，在专业上应混搭，在角色上也应如此。

记者：您擅长篆刻，书法、绘画也很专业，这些兴趣爱好对您的人生有什么影响？

蔡照波：艺术教会了我包容。文学艺术跟电视看起来是不相关的两个行当，却是可以互相促进、相得益彰的：文学艺术虽为虚构，却是写社会、说人生，都是对现实社会人和事的反映；电视是时代的见证者，但在审美方面，仍讲究艺术表达。文学艺术方面的修养使我的电视作品显得更加浑厚，对事态的把握也更立体。对艺术的爱好滋养了我的主业，反之，电视工作的历练使我加深了艺术表达的底蕴。记者编辑如果主业外有一两方面的爱好那会更好。

记者：您写得一手漂亮的散文。作为台长，行政事务缠身，您却不断有散文集发表，“闲情”从何而来？

蔡照波：大部分文章是我在出访或开会的路上写就的，因为少了纷扰的电话、信息。在路上有感时拿笔记下来，回来打印出来就是，所以短平快居多；画画则基本上是酒后完成，酒使人排除世俗的杂念，可以自由挥洒。这多少有些率性，但有一个习惯是必须坚持的——阅读，必须有阅读的习惯，欣赏名画、阅读名作，一年读几本好书，这可提升对社会、人生的思考。读一些过往的名著也相当不错，读多了，长见识，提升思想境界，也丰富词汇积累，当你要写什么时，笔下就会冒出来。老是读名著的人，就不俗。

（载《新闻战线》2013年第4期）

蔡照波：人性的东西是不变的

邢人俨　　汪 青

2011年10月13日，佛山“小悦悦”事件由南方电视台率先报道后经媒体发酵成为风口浪尖上的公共话题。南方电视台也从一家年轻的省级地面电视台逐渐被省外更多人知道。作为台长的蔡照波，看完这条新闻的第一感受也许跟大多数人一样，有对18个路人行为的不解与谴责，还掺杂着更多复杂的情绪。

出乎意料的是，媒体的报道很快变成社会舆论对18个路人声势浩大的谴责，也让蔡照波难以平复他内心的纠结：单纯停留在谴责上有局限性，这就相当于倒地老人扶和不扶一样的纠结心理。媒体报道对这种心理深度解剖，探讨是否应该侧重在立法上保护、在制度上褒奖，才使好人有好报。随着新媒体的介入，使事件在不同层面得以推进，南方电视台也积极从传统媒体主流报道指向“引导舆论谴责见死不救行为”和“呼吁良知与义举回归”，延伸至法律是否应当严格规定父母对幼儿的监护责任以及是否可以立法惩罚见死不救，如何鼓励见义勇为等等。我们想以“小悦悦”事件唤起善的回归，探讨善举是否应该得到制度和法律的鼓励和保护，在立法上是否还有空间。

“不管怎么说，它是一个好的新闻素材。这样的事件摆在面前，就看你有没有考虑去介入和如何去介入。”蔡照波说。

和风细语 180cm×34cm 2014年

20世纪90年代，广州有个中学一名女生得了白血病，希望通过媒体寻找匹配的骨髓。蔡照波时任总监制的《社会纵横》节目组收到来自一位台湾人发来的信息，对方愿意自费去澳洲取合适骨髓，并护送到广州，供女孩做骨髓移植手术。从下飞机开始，电视台对台湾人的善举进行了直播报道。当被问到什么力量促使他做这件事时，台湾人说自己也曾是白血病患者，社会救助了他，他要回报社会。至此收笔本也很好，但我们还有深一层的思考："广州几百万人口的大城市，为什么没有骨髓库？尽管最后女生没有获得最佳配型时间去世了，但留下一个问题——像广州这样大的城市是否应该建立自己的骨髓库？舆论建设性的监督报道，在批评的同时，思考如何建构、完善社会链条，这应该是媒体的担当、记者的责任。在大家的共识和推动下，广州终于催生出自己的骨髓库。"

电视人之外，蔡照波的另一个身份是西泠印社社员，他早年师从古文字学家商承祚教授习篆刻，研修古文字，并被推举为中山大学篆刻社首任社长。毕业时，蔡照波并没想过做电视，他喜欢的是自己追寻了很多年的书画和篆刻艺术。

"艺术理念对做电视，做新闻，有相当的作用。书画篆刻艺术和电视是一样的，都强调对比、虚实、细节……艺术需要很用心，需要一个很大的接触社会观察事物的平台，电视媒体提供给我这样一个平台，这个对我的艺术是滋养，反过来又使我用艺术的眼光去审视和创作电视作品。"

南派纪录片

南方人物周刊：现在新媒体冲击这么大，但"小悦悦”事件最早还是由电视报道出来，您怎么看待传统电视媒体的未来前景？

蔡照波：任何媒体的存在都具有独特性，应该思考的是如何在争抢市场份额中发展壮大。现在媒介融合不容置疑，这是新技术力量催生出来的。网络视频盛行，电视怎么发展？首先要改变生产方式。信息生产要由大众化向分众化发展，更好体现个性需求；同时要改变以往传统电视媒体“我做你看”这种受众处于被动地位的做法，加强互动；而且还要争取媒介终端的多元化……

南方人物周刊：一个好的电视节目应该有人情味，或者人文关怀在里面？

蔡照波：这点非常重要。人是有灵魂的，没有灵魂的东西，没有思想，一定不会被人们关注。

南方人物周刊：您觉得广东的观众，就是讲粤语的观众和内地其他观众，喜好会不会不一样？

蔡照波：我想每个地方的观众都有接地气的需求和区别，这里需要细分，如果说看电视剧，不管是央视或者外省卫视，或者是本地的，现在粤语和普通话大家都会，只要好看大家都会去看。但如果看新闻就不一样，肯定有贴近性，有地域的概念。作为广东人，外省卫视新闻做得再好跟我没多大关系。他家的事跟我家的事是两码事，我肯定关注我这里的。这点各个省都一样。所以新闻类、评论类的节目多数是关注家门口的事情。

南方人物周刊：您提出“南派纪录片”的概念，这个想法是怎么形成的？南派纪录片的核心价值是什么？

蔡照波：“南派纪录片”这个概念是2007年在中国（广州）国际纪录片节我提出来的。后来有一批作品的支撑，这个理念这个提法得到全国学界和业界认可，2008年广东就被中国电视艺术家协会、中国纪录片学术委员会正式授予“中国南派纪录片创作基地”，南派纪录片的评奖、颁奖成了每年一度的中国（广州）国际纪录片节的一项内容。南派也是一个地域的概念，不是我们一个台的。它的

2012 年 10 月 29 日，广东省委常委、宣传部长庹震颁发“五个一工程奖”

内涵实际是什么？广东毗邻港澳，对外来文化有一种先知先觉的地缘优势，以及广东人对时尚性、领潮性的把握比较敏感，把这些元素整合在一起，体现的就是南派特色。像广东骑楼，大家就认为这是广东特色，但实际上，这是最早在地中海出现的建筑景观，后来葡萄牙人把这种特色带进了澳门后再传到香港、广东来，这个就是我们对外来文化的吸收……我当时提出“南派纪录片”，另外一个非常直观的想法是，中国的武术有南拳北腿，中国的绘画与北方相对应的有岭南画派。我们的纪录片当然也不能离开这个地域特有的人文环境，这样才会有我们的价值，我们的底蕴，我们拓展的空间，才能形成我们的品牌。

南方人物周刊：那南派纪录片主要是视角立足于南方，还是说关注的内容是南派的文化，或者说是不是风格倾向于南方人的口味，还是都有？

蔡照波：我觉得都有，创作团队很庞大，全省十几个地级台，不能说百分之百，几乎都有纪录片的栏目。主要是比较接地气的，有历史的，也有当下的。它的特色主要还是身边的人和事，贴近自己风土特色的短平快的，或者用以小见大的手法来体现历史的片段。这也是“南派纪录片”在创作中不断摸索出来的特征。既是当代中国纪录片的有机成分，也是岭南文化血脉的组成部分。总之，岭南文化的发掘和弘扬本土文化仍然是我们南派纪录片创作的第一要义。

南方人物周刊：这些作品里面，让您印象比较深的是哪些题材或者哪些故事？

蔡照波：我印象深刻的是跟韶关台一起合作

多情墨竹 102cm×56cm 2012年

的获得金鹰奖的纪录片《囚徒生死大转移》。记录数十干警上千囚犯，面对台风、洪水造成的生命威胁，如何守望相助。编导着力于表现人们是如何用适度、合情理的方式去体现对生命的尊重和珍惜的一种大爱，展现了本土化现实题材和国际化的品质：广东省坪石监狱遭遇百年一遇的洪水，监狱面临着被全面摧毁的危险。省司法部门迅速决定展开紧急转移行动。面对1663名服刑人员，50多名监狱警察的监管工作变得异常严峻。在生命攸关的紧要关头，他们还原了人性中守望相助的朴素感情。狱警毅然解开囚犯的手铐，让他们快速实施转移。在长达30个小时的救援和转移过程中，无一人落下也无一人逃跑。

南方人物周刊：*您觉得纪录片的魅力是什么呢？未来会是如何发展？*

蔡照波：我觉得纪录片是声画的载体。我们在为历史留一份底稿。它的魅力在于对客观世界的真实记录，在于对真实世界的人文表述。而在国际化大融合的当下，未来纪录片会更强调现实题材，国际化品质和国际化的叙述方式。采用国际化的叙述方式才能够在全世界有更大的发行空间。

人性的东西是不变的

南方人物周刊：*您看中收视率吗？怎么看待现在整个电视节目都在娱乐化的现象？*

蔡照波：我看中收视率，会为收视率紧张。在整个中国，电视的主要收入还是广告。广告的投放商，看中的是你的收视点，收视率高意味着观众多，你吸纳的广告也会多。这一点作为经营者肯定是避不开的话题。这点，我肯定是在意的。

娱乐节目很多，这是一个客观现象，它对拉动收视率起到相当大的作用。但任何节目都有生命周期，如果不求新、求变，再好的节目，能长盛不衰吗？

像《中国好声音》走红，对于观众来说，就是人们希望获得快

2011 南方盛典影视颁奖礼上，蔡照波台长（左）与广东省委宣传部顾作义副部长（右）为获奖公司颁发专项扶持资金

乐，希望有梦想，娱乐节目能部分满足人们的需求，所以大受欢迎。当然，我们追求快乐，更想获得快感之上的心灵启迪。这就是为什么还要一些有文化品质的栏目，因为它在这里能够起到心灵的碰撞，这类节目才比较永恒。

南方人物周刊：您怎么看待现在电视树立品牌？比如通过主持人，湖南卫视的汪涵、何炅这种主持人的品牌，或者节目品牌，比如《非诚勿扰》。您怎么看待树立电视台品牌的问题？

蔡照波：电视台在一个频道里是以栏目为单位的，要么是主持人出彩，要么是事件出彩。像汪涵这样的主持人能够为一个台带来很大影响是一个表象，如果单靠一两个人，一两个节目使台出彩，还是近乎理想化。品牌的树立是个系统工程，是要在节目方针、营销模式、体制、机制等方面全方位跟进的。

蔡照波（左一）获得由国家广电总局主管、中国广播电视出版社主办的《综艺报》“2012 新风范”综艺年度知行人物奖，中央电视台原台长赵化勇（右一）为获奖者颁奖

和优势。“认识自己，才能明了自身的优势、短板在哪里，才能扬长避短。”

人才，是南方电视台最优质的资源。今年是南方电视台成立 11 周年，全台共有 700 多名员工。“年轻、思维敏捷、观念新潮、有朝气”，蔡照波常常向台里中层领导强调，来自一线的声音值得去倾听，那些是创新的动力和源泉。

蔡照波是“学习型”的领导，他经常参加各类会议，保持阅读和研究的习惯，有时也会动手写下自己的心得。很多创新都是他“拿来主义”后，再加以“本土化”的结果。“梳理观点，从各个层面进行碰撞交流，先做民意调查，待形成共识，就进入研讨、决策阶段。”

他也要求团队要有学习和阅读的习惯。“我们团队有一股积极的干劲，很多年轻人都是一边工作一边学习进修的，愿意主动充电对台里的发展是好事。我们有这个胸怀。”

今年，蔡照波着重加强了人事制度改革力度。9月初，南方电视台启动并完成了劳务人员转正的工作，200多名劳务派遣人员全部转为台聘人员，签订劳动合同，取消了身份差异，实现同工同酬，极大地调动了员工的积极性和创造力。同时，建立职场“双通道”机制，在“以岗定薪”之外，职称也与绩效挂钩。鼓励专业人才评职称，为专业人才的发展开辟第二平台。“对于业务单位来说，业务好手如果为了晋升而改做行政是非常可惜的。”

此外，南方电视台还对各岗位设置了更多的层级和档次，员工薪酬待遇与之相对应。

单频道总代理制　把蛋糕做大

成功的人事制度改革，取决于两方面，一是领导的魄力与支持，一是经济上的支持。在蔡照波主导下，南方电视台的人事制度改革顺理成章。同时，改革方案得以贯彻推行，也得益于上一年度全台经营创收的增长。

2010年7月，蔡照波调任南方电视台台长，开始经营模式的创新，“由原来的一级代理制改为单频道总代理制”。2011年，南方电视台 广告收入比2010年增长近40%，广告收入近8个亿。2012年，总体经营创收达12亿元，其中广告创收9亿元，其他产业收益3亿元。

蔡照波认为，一级代理制是比较模糊的广告管理模式，单纯将电视频道的广告时段代理出去，没有明确的创收目标，只有粗线条的预估，对频道营收的把控缺乏科学手段。而单频道总代理制，完善了广告经营风险机制，盈利更有保障。

南方电视台共有5个特色频道。“5个频道分别由几家广告公司总代理，通过公开公平公正的竞标而成为我们的战略合作伙伴。”单频道总代理制最直观的好处，就是南方电视台可以做营收预算了。“从年头大致就可以看到年底，对营收多少可以做到心中有数。”

中标单位一般要求先行支付标的额的10%作为履约保证金，并且每个月25号之前交付下一个月或下一季度的广告款。如果未完成广告标的，押金将被南方电视台视作违约金予以抵账，而其与广告客户之间也没有相关违约赔偿条款。

“这不能说就是最好的模式，却最合适现阶段南方台发展现状，这是阶段性的需要。”蔡照波下一步的打算是，2013 年加大对品牌节目的投入，“捧红”几档品牌节目。依托品牌节目影响力的提升，对经营模式进行再一次的改革。不再全频道捆绑、不再不分时段招商，而改以品牌节目为核心进行招投标。“一个频道，每天 24 小时的时段是固定的，只有提高单位时间的含金量，才能够继续向上。”

蔡照波认为，以栏目、以品牌营销为核心是目前最先进的经营模式。“所以我们需要培植自己的品牌，只有品牌价值上去了，才有资本实行单品牌营销的模式。”他预计，“再过一年就可以了”。

电视剧　大艺术下的小人生

“人生大艺术，艺术小人生。”——这是蔡照波的散文集《渡你过海》中的一句话。

从那部大热的《亮剑》开始，对影视剧的投拍和运作就成为南方电视台产业延展的突破口。近年来，通过投拍一系列的影视剧，南方电视台打响了广东文化品牌。《潜伏》红极一时，成为谍战剧的标杆。中国四大古典名著除《水浒传》外，南方台投拍了另外三部名著翻拍的电视剧，其中《西游记》投入 1800 万元。而由南方电视台立项的《五星红旗迎风飘扬》《下海》等电视剧也获得了口碑与收视的双赢。

今年的一些成绩也让蔡照波颇为欣慰。9 月 24 日，中宣部第 12 届全国“五个一工程”评选中，由广东南方电视台立项和荣誉出品的电视剧《五星红旗迎风飘扬》，获“最高艺术成就奖”，这也是继去年 8 月获第 28 届电视剧“飞天奖”长篇电视剧一等奖之后，该剧再获殊荣。

室内剧也是南方电视台的品牌之一，蔡照波到任的两年多来加大了自制室内剧的投入。“资金净投入大概有 5000 多万元，总成本有可能超过1个亿。”粤语系列剧《72家房客》不仅在粤港澳树立品牌，非粤语区的观众也耳熟能详。《家大欢喜》的投入接近1000万元，普通话室内剧《爱幸福》已经拍摄第三部。此外，还有《真实故事》和法制栏目剧《温柔的背叛》等。这些自制的室内剧题材接地气，贴近百姓生活，颇具广东本土特色，在当地的收视表现不俗。

这些由南方电视台或立项，或投拍的电视剧、自制剧，成本基本都不高，却为南方电视台带来可观的经济效益和社会效益。自制剧中的广告植入，还成为一个盈利点。

“选题、立项都有一定的流程。我们有专门的团队审读剧本，通过后提交主任和分管副台长，之后再提交到台长办公会。每年都会有一笔机动基金，以便灵活应对市场，进行投入。不过，常态室内栏目剧一般会在年初就制订出预算规划。”

南派纪录片　一滴水照见太阳

有人说，纪录片是电视的野心。蔡照波说，纪录片是电视的文化追求和实力的象征。“做纪录片主要是做品牌，要有责任担当，有文化内涵，也要有经济实力。”

2009年12月南方电视台以气候环保为主题，投拍环保纪录电影《深呼吸》，并采取电视与电影套拍的方式。2010年《深呼吸》被列入中国电视纪录片十佳系列。2012年9月5日，在第26届中国电视金鹰奖颁奖典礼中，《深呼吸》又斩获“电视纪录片金奖”。

蔡照波在2007年中国（广州）国际纪录片节上提出“南派纪录片”这个概念时，他当时的职务是广东电视台副台长。这个提法第二年就得到业界和学界认可，广东电视台被中国电视艺术家协会、中国纪录片学术委员会正式授予“中国南派纪录片创作基地”，南派纪录片的评奖、颁奖也成了每年一度的中国（广州）国际纪录片节的一项内容。

“南派纪录片是广东电视界的，并非南方电视台一家的。”蔡照波认为，广东的特色在于对外来文化的包容和对时尚的把握。有南派，自然就有北派。“南派着重‘一滴水照见太阳’，工于细节。而北派注重情节性、故事性。”

蔡照波表示，“要走国际市场，叙述方式必须国际化，强调历史文化人文关怀，关注当下”。

今年10月，南方电视台投拍的10集高清电视纪录片《文化广东》正式开拍，据了解，该纪录片每集30分钟，以真实人物及故事为切入点，以纪实为主要手法，系统记录广东文化独特的人文记忆。预计今年年底全片完成制作。

（载《综艺报》2012年12月10日第24期）

成长，我们大有空间

——对话南方电视台台长蔡照波

余得通　曾　瑜　韦聚彬

南方电视台发展空间大

南方电视学刊（以下简称“学刊”）：您从广东电视台副台长的位置上调到南方台来，是什么时候？

蔡照波（以下简称“蔡”）：是2009年8月10日。

学刊：当时您过来的时候，南方台给你的是什么样的印象？

蔡：觉得它虽然规模不及广东电视台，但已有一定的影响力且发展空间很大。

学刊：怎么看一个台规模的大小？

蔡：电视剧、体育节目和新闻直播节目的制作能力是衡量一个台实力和规模的三个标志性指标。没有电视剧和体育节目的制作团队，这个台的规模就缩小了一圈；在新闻应急能力上，远距离、多机位和长期的应急而动的直播机制，也是一个大台应有的能力。另外，这个大台要有新闻高端影响力。如果新闻只停留在一般百姓、民工阶层，那就很难影响到高层次的人群。

学刊：您当时觉得南方台的影响力大还是小？

蔡：大小且不论，但是其影响力肯定还有发展的空间。还有许多可为之处。

2011 年 12 月，在南方华人慈善盛典颁奖典礼上，蔡照波台长为慈善明星陈思思颁奖

打造品牌，扩大南方卫视的影响力

学刊：您到南方台当副台长的时候，南方台已经成长了七八年，已经有了很好的基础。你就任台长后，怎样继续提升竞争力，百尺竿头更进一步？

蔡：我个人的力量是有限的，靠的是整个团队的努力打拼。首先我们在品牌影响力方面继续打造。如电视剧继《潜伏》之后，又推出我们立项参与投拍的《五星红旗迎风飘扬》，先后在南方台和央视一套黄金时段播出并获得"飞天奖"大奖；接着又有《下海》，这也是我们打造的电视剧另一精品力作，并在央视一套黄金时段播出；同时，我们还参与投拍了《红楼梦》《三国演义》《西游记》等经典名著的翻拍……我们南方台就是努力通过电视文化精品节目的传播，来扩大电视台在覆盖空间以外的影响力，拓展品牌，提升南方台在全国业界的地位。电视栏目方面，如《拍案》改版，粤语的室内剧《家大欢喜》热辣推出，《今日最新闻》随着影响力的提升，栏目也进行扩版，还推出高端栏目《全民议事听》、服务类栏目《生活闲情》、娱乐类栏目《快乐邀请》……

在新闻方面，南方台的民生新闻原来已经做得不错，在观众中有广泛的影响。需要加强的有两方面，第一是时政类的新闻，影响高端；第二是深度解读的新闻评论类节目。

学刊：这些栏目我们都看过，是挺有影响力的。

蔡：这些年南方台打造的品牌蛮多的。比如《马后炮》《今日一线》《今日最新闻》《拍案》等，这些都是南方台的优质股、潜力股，成长的态势也很好。

学刊：那你们下一步的目标是什么？

蔡：第一是在目前中国电视媒体竞争很激烈的情况下，我们需要尝试经营模式的改变。第二要扩充南方台的制作团队。第三是南方卫视的国内拓展。南方卫视和深圳卫视在2004年同时被国家批准为外宣频道，一个是粤语一个是普语。深圳卫视后来提出“以内宣养外宣”，在国内的各大城市都可以落地，发展得很好，经营创收也不错。我觉得深圳卫视就是南方卫视在这方面可供参照的坐标。如果南方卫视也可以实行“以内宣养外宣”，其品牌影响力将会得到很大的提升，当然经营创收也将会更上一台阶，我们的外宣工作就可以好上加好。第四，高端品牌节目的培植。现在中国电视的广告经营模式，按照我自己的划分和理解，已经到了第四个阶段。这个阶段主要是以品牌影响力来招商引资，吸纳广告客户。我们要摆脱卖时段的模式，提高单位时间的含金量。

购剧和投拍是门学问

学刊：这几年南方台的新闻、专题节目已经做得非常出色了，但是在电视剧上你们也让人印象深刻。从《亮剑》到《潜伏》到《五星红旗迎风飘扬》，反响很大。你们在选剧和投拍上有什么心得？

蔡：这几部剧，是南方台可圈可点的得意之作。这归功于我们台购剧的团队和分管的领导，眼光独到，选到好片，而这跟南方台的理念是有关系的。第一就是接地气。跟广东改革开放事件、跟广东的地缘相关的题材，我们会考虑购买和投资。比如最近的《下海》，事件发生在广东，拍摄地点也是在广东南海。第二就是要有社会责任感，按照这个理念去选电视剧。像我台最近刚刚获奖的《深呼吸》，就切合当今世界的气候环保大主题。第三类就是百姓喜欢看的，我们就会投拍。像《潜伏》《亮剑》，战争题材、悬疑题材，能吸引观众观看。第四类，是不太需要思考就可以购买的，比如四大经典名著改编的电视剧。这类作品的收视率不一定会很高，但它本身就是一个影响力，是南方台的作为。收视率虽然没有达到期望值，但影响力出来了，能提升一个台的品牌。不能两全的时候，就要有侧重考虑。

学刊：自己投拍和购买电视剧，哪一种方式的回报大？

蔡：任何一个电视台，想通过投拍电视剧赚钱、收获比较大的利润回报，非常困难。但不是说购买电视剧就一定成本低，一定赚钱。购买电视剧，当事人眼光独到竞争者又不多的话，价格会较低；要是比较热门，多人抢购，价格就会水涨船高，成本也就上去了。但是一个电视台购买电视剧，成本不是唯一考虑的指标，好的作品，即使花费不菲，也是有价值的。所以我们认准了一个剧本，在前期就介入，投资，成为“老板”之一；片子出来之后，我们又有优先播出权。一旦争取到优先权，南方台的平台价值就会随之增长，这是另一个角度的回报。

学刊：南方台的眼光确实很准，一次碰到可以说是运气，一而再再而三地成功，就不能归结于运气了。

蔡：你说得很对。这要求有专门的行家、负责任的团队去跟踪、发现和挖掘市场。

电视广告经营分四个阶段

学刊：南方台一开始是实行一级代理广告的，到了您当台长之后，实行了单频道广告总代理，您是怎么考虑这一步的？

蔡：我认为要与时俱进。中国从1979年有电视广告开始，广告经营经历了4个阶段。第一个阶段是各省的广告公司拍摄制作广告，拿到电视台播出，按照有关部门的规定，广告公司可以提取15%的代理费。第二个阶段，电视台自己制作广告并播出，建立自己的广告部，直接去跟厂家见面，一条龙作业。但是随着市场经济的推进，社会分工越来越细，电视台慢慢又回归到只充当播出机构，不再制作了。整个台都作为广告商的合作对象，整体服务于广告商。各频道、各时段没有明确的分工，比较模糊，这就是一级代理的时代。第三个阶段，就是单频道广告总代理制了。这不能说就是最好的模式，但却是最合适现阶段南方台发展现状的模式。目前，浙江电视台各频道跟南方台一样，也是实行单频道广告总代理，这是阶段性的需要。有很多影响力很大发展得很超前的电视媒体，已经走到了第四阶段，就是以栏目、以品牌营销来招揽广告了，不再全频道捆绑、不再不分时段地扔出去了。一个频道，每天24小时的时段，这个是固定的，只有提高单位时间的含金量，才能够继续向上。这个时候，不再单频道全交给代理公司了，而是分时段，分切各个栏目，个别承包或销售出去。像江苏卫视的《非诚勿扰》，仅一个栏目，2012年的广告招标金额已经达到了18亿！怎么不令很多台和频道汗颜！

所以需要培植自己的品牌，只有品牌价值上去了，才有资本进入第四个阶段。南方台现在就在一个个培育自己的品牌，放水养鱼，品牌效应出来了，主动权就掌握在自己手里。

只有适合自己的才是最好的

学刊：您的思路很清晰，听您这么一说，我有点茅塞顿开的感觉了。单频道广告总代理制有利有弊，利是将风险转移给对方了，弊是自己的经营力量削弱了，而且风险也不是没有，万一代理方实力不济或经营不善，风险就会回到自己身上。

蔡：我一直都认为，培育好节目，做自己的品牌，难道只是为了赚取别人的赞美声吗？只有赞美声没有市场价值又有什么用？价值体现不出来，赞美声有何用？我一直在跟踪业界和理论界的最新

风静竹含秋　102×56cm　2012年

动态，对这方面的最新消息我很上心，就是要让自己知道整个行业的态势是如何的。有人说，某某卫视将广告资源掌握在手上，广告招标赚得盘满钵满，这个经营模式好啊！广东台和南方台的广告总代理制太落后了。我就会说，没错，它的这个模式是好，可是回溯几年前，别人不也是我们现在这个状态吗？但是别人怎么就能走到今天呢？不是模式的问题。你要有品牌，要栽好梧桐树，才能引得凤凰来。模式没有对错，只有合适与否。再下来，第五阶段，我认为多媒体的捆绑营销，会是不错的方向。但没有第四，就不会有第五。眼光要实际，要先做好当下，再着眼未来。

学刊：您预计南方台的第四阶段什么时候会到来？

蔡：我认为两三年之后就可以达到。现在的广告代理合同，我们签的是 3 年，不是一辈子。3 年以后，品牌培植起来了，一切就水到渠成了。一个台发展到一定阶段的时候，以往的路径就要修正，要随时保持头脑的清醒。南方台以前的口号“开门办电视，联合做节目，合作搞经营”，适合于初创阶段的规模比较小的台。这种模式的弊端，在于制作团队不在自己手上。随着知名度的加大，制作团队的要价越来越高，而且一旦别人不再和你合作，事业就会受到重挫。俗话说，造船不如租船，但万一别人不租给你，你就寸步难行了。品牌的打造也包括人才的储备，要有自己的制作团队，将核心资源掌控在自己手里。我们台年轻，有活力，全台员工平均年龄还不足 28 岁，处于人口红利期，一定会有更大的作为。我相信只有想不到，没有做不到。

我们力求人尽其才、才尽其用

学刊：说到人才，电视是一个智力密集型产业，人才是最重要的。南方台有什么措施，做到人尽其才，才尽其用，将最合适的人放在最合适的岗位上？

蔡：这个问题，理论上说起来容易，做起来很难。人往往是综合体，是复杂的。比如一个小企业小的队伍，一把手说了算就行了，反应快，决策迅速、执行力强，凭着感觉走。但当一个队伍庞杂了，几百几千人了，这个时候就不是一个老大发号施令就能摆平的了。这个时候就需要部门，需要一系列的规章制度，去杜绝裙带关系，杜绝拍脑袋决策，也要抵抗各方面的干扰，机制的作用就发挥出来了。南方台现在在人才使用上，还算是合理的。因为年轻，人员也不算多，大多数人都有事业追求、人生愿景，对人才工作岗位的分配感觉就比较准，基本还是按照人的特质和特长，安排合适的工作。各人也会根据自己的意愿，主动提出心仪的岗位，我们也会尽量协调。

学刊：一般员工可能问题还不大，但如果关键岗位、特殊岗位用人不当，就会影响整个机构的发展。

蔡：没错。有两类人的使用容易出现盲点。第一类是在一线的。这类人转岗的话，要按照他的原有特质去安排。因为人都是靠积累的，多年的新闻一线实践，所积累的新闻素养、人脉、专业知识，是他的一个财富。他去做另外一条线的事情，就会相对茫然不知；让不相关的人来替代他这个岗位，也是同样的败笔。人才就是要因才施用。第二就是开办栏目的人选。一般来讲，有什么人才就开办什么栏目，有了窦文涛，就有了《锵锵三人行》，反之就废了。常常靠一个人的特质撑起一个栏目。但是社会如果有迫切需求的，便可不受这个限制。如缺乏某类节目就会导致整个台社会责任的缺失，这类节目一定要开，那就得想办法挖掘合适的人才来办，台里没有合适的人选也要到外面找。这类节目的收视率不一定会很高，可是电视台就必须要有这样的担当，不必再在乎观看的人多人少。如前些年境外电视台开办的《学讲普通话》节目。

事业的追求 需要有博弈精神

学刊：我注意到你们的定位是“改变广东电视生态的生力军”，好像有点谦虚了。

蔡：不，南方台现在的规模不算大，我们是快速反应，不懈努力，期待来日腾飞。

学刊：南方台的标兵是什么？

蔡：比我们先进，在我们前面的都是我们的标兵，标兵不能只树立一个。但是人的心态要摆正，你回头一看，还有千军万马在自己的后面，也可聊以自慰，这叫做“倒骑毛驴看人生”，但这决不是我们的人生态度。我的意思是人要有平常心，要积极进取，执着而豁达地“以出世思想干入世事业”。

学刊：这是一种境界。人要有追求，但也不要太苛刻、太刻意。

蔡：在节目和栏目的探索上，要大胆，要允许失败。探索肯定是有成本、有代价的。不是说没有把握就不去探索了，没有探索的精神永远没有进步。就像买剧一样，心大心小的，不敢下决心，那肯定买不到好作品。节目、栏目和事业的追求，都需要有这种博弈精神。

南方台的影响力要走出广东

学刊：南方台建台10周年了，站在一个新的起点和高度上，您展望一下，未来三五年内，南方台会是什么样子？

蔡：南方台年轻，每个人都充满活力，有无限的进步空间。假以时日，我相信南方台每个人都会实现一种为时代所需要又在书写时代的价值。至于南方台的规模，我相信它会是南中国一个独树一帜、拥有较大影响力的媒体。我们现在已经在努力，像日本大地震，南方台是广东省内第一个有记者到达震区的媒体。我们直接派记者前去采访，掌握第一手材料。这种大事件是全

2008年9月9日，时任广东电视台副台长蔡照波代表南方广播影视传媒集团在越南河内签订电视节目落地越南项目

样借用电视艺术的刀与笔，在南方台这块材料上留下更为精致的痕迹和独到的色彩？

想必此时的蔡照波，已是成竹在胸；而未来，依然任重道远。

新闻 VS 刻刀：独辟蹊径，新颖尖锐

一则有关“小悦悦”事件的新闻视频，近来在网络上疯传，惹得舆论一片哗然，引来各类媒体聚焦及政府关注，最终形成一场波及全国的道德大讨论。这则新闻视频的来源，就是南方电视台。

民生新闻一直是南方电视台的“杀手锏”。完善的爆料网体系，与生俱来的地缘优势，使得南方台在广东本地的民生新闻报道中占尽先机。然而，真正的好新闻应是什么样子？抢在天下先，曝出独家消息，算不算是绝对的“No.1”？

“若只是打时间差，新闻比人家早上一天半天播出来，没有意义。如果别的媒体报道更有深度，人家就会后来居上。所以我们必须做到独家解读。”谈及南方台在新闻报道方面的制胜关键，蔡照波一针见血。

在“小悦悦”事件上，微博、互联网、纸媒等，基本上都在谴责司机的无良，或者是路人的麻木不仁、见死不救。而南方台的观点却相当“另类”。

“如果按照习惯思维：孩子的妈妈已经很惨了，大家要安慰她。可如果仅停留在这个层面是不够的。一个年仅两岁的孩子，父母怎么就能让她一个人跑上闹哄哄的街区呢？这件事如果发生在一个法制比较健全的社会，首先被质问的是孩子父母的责任——小孩的父母怎么能不责备自己，却还一把鼻涕一把眼泪地说别人麻木不仁，见死不救？他们有什么道理来质问那18个路人呢？”蔡照波的话耐人寻味。

在蔡照波看来，电视新闻报道跟文学艺术是相通的，“就像我们写一首诗，也需要有丰富的内涵和特别的解读。每天都会发生大量的新闻，怎么选取？关键一点是：我们挑选这条新闻，除了报道

2010年12月，在南方华人慈善盛典颁奖典礼上，蔡照波台长为慈善明星谢杏芳颁奖

本身之外，里面蕴含的深层次的意义是什么，这也是主流媒体理应承担的社会责任”。

不久前，南方电视台记者采访非法停车场被打事件一经播报，引发全国热议。在蔡照波看来，“这个事件不能停留在道歉、赔偿上面，这不是我们的目的。通过此事能够引发思考：是否可以通过这一事件，推进相关地方法规的建立？这才是报道的根本意义所在”。

独家新闻和特色解读，已成为南方台彰显品牌的有力武器。武钢职工“被精神病”事件，在南方电视台播出后第二天即引起轰动，中央电视台新闻频道、凤凰卫视以及香港的新闻媒体，纷纷前来向南方台索要视频资料，《人民日报》还为此事专门写了评论。

蔡照波认为，报道不能浮于表面，要能引发人们思考，成为职能部门制定规则的参照，从而推进社会民主法制建设进程。除了以《今日一线》《城市特搜》等为代表的民生新闻栏目，南方台还先后打造了《马后炮》《拍案》等新闻评论栏目。“一家有作为、有理想的电视台，不应放弃高端节目，一定要在品质方面下功夫，这也是

2011年8月25日，南方电视台党委书记、台长蔡照波出席在北京国家体育馆举行的第28届中国电视剧“飞天奖”颁奖典礼并领奖

我们下一步要着力打造的。比如高端访谈、新闻评论、文化解读栏目，都在构想之中。”

细究下来，蔡照波的这种新锐意识与其印章风格一脉相承。早在上大学时，蔡照波师从古文字学家商承祚教授习篆刻。经多年锤炼，他的篆刻已在岭南书画界自成一家。石料在犀利的刀锋和独到的慧眼之下，获得价值提升和全新的生命。同理，在电视新闻制作中，蔡照波也提倡换一种角度去解读事件，深度发掘新闻的潜在能量。

不仅如此。南方台的新闻触角也已走出广东，开始伸向全世界范围的重大事件。日本大地震期间，南方电视台派出两位记者，成为广东地区最早踏进日本本土进行报道的媒体。单一的民生新闻，已无法满足南方电视台的胃口。

影视VS随笔：小生活映射大时代

转回到11月初的中央电视台综合频道，黄金时段正在播放电视剧《下海》，片尾醒目的字幕上打着出品方：南方电视台。

11 月 9 日，电视剧《下海》在央视一套完美收官，而网上对于这部剧的讨论却余音未了。在穿越剧、婆媳剧大行其道的当下，现实题材的《下海》能够引起观众强烈共鸣，出乎很多人的意料。该剧播出以来，不断有观众在论坛、博客上回忆自己的下海往事，与此同时，“裸拼（指改革开放初期那些摔破铁饭碗、离乡背井去往广东下海打拼的一批人）”一词随着《下海》的播出应运而生，成为流行语。

蔡照波告诉记者，南方电视台投资、购买电视剧的标准有三：一是接地气，贴近百姓生活；二是反映重要的历史事件；三是带有地标性，内容最好能展现广东本土特色。这种以“小生活”映射“大时代”的投剧标准，与蔡照波的文风紧密契合。他的散文集《渡你过海》，极具生活情趣，文章精短，富有哲理，从海滩港岛到秋风老厝，从古寺寒松到草原牧歌，风花雪月民间疾苦皆作笔底波澜——正所谓“人生大艺术，艺术小人生”。谈及“地标性”，蔡照波做了这样的解释：“如果有人把《羊城暗哨》拍成电视剧，那我肯定抢着买，因为这部剧会把广州这个城市概念带进来，非常有价值。”

显而易见，电视剧《下海》正是这三个标准的结合。“这是中国历史上有名的四次大迁徙之一。自改革开放以来，数以百万计的民工南下广东，这些事就鲜活地发生在我们身边。我们这一代的中年媒体人亲历了这一切，所以非常有感觉。”蔡照波透露，《下海》从找本子到立项再到拍摄完成，前后经历了两年多的时间。其间南方台与合作者几经磨合，修研剧本，使得这部剧从最初的 40 集压到 30 多集。“《下海》这部戏就是在广东的南海拍的。今后对于这一类题材影视剧，我们会格外留意，着力打造。”在这个以剧为王的时代，在争夺优质资源、投资电视剧，也成为电视台掌控资源、创建品牌的一着高棋。

事实上，从《亮剑》开始，南方台就开始在影视剧投拍项目上试水。当年红极一时且反复重播的《潜伏》，则成为最具有市场投资和品牌传播价值的范本。到后来的《五星红旗迎风飘扬》，再到新近的

《下海》，南方电视台总能很好地抓住电视剧走红的脉搏。与此同时，南方台也不失时机地参与到四大名著的重拍项目中来，新版的《三国演义》《红楼梦》《西游记》，从几百万元到上千万元不等，南方电视台都有投入。

当然，并非所有项目都可以达到“四两拨千斤”的效果。张纪中版《西游记》在南方台的播出效果中规中矩。蔡照波坦承，今后在经典名著电视剧的投拍方面，南方台会相对慎重。“经典不容易颠覆，除非你有更好的解读方式，所以今后会以审慎的态度来看待名著改编。”

“除了立项参与出品，对于那些我们没有参与投入的优秀剧目，如果能拉动收视，赢得更多的观众和广告收入，我们也力争购买，这两方面是并重的。最终目的还是要发展事业，做大产业。”蔡照波说。

娱乐 VS 水墨：恣意挥洒，濯而不妖

10 月 26 日，广电总局《关于进一步加强电视上星综合频道节目管理的意见》正式出台，也就是坊间简称的“限娱令”。从 2012 年 1 月 1 日起，34 个电视上星综合频道要提高新闻类节目播出量，同时对部分类型节目播出实施调控。

“限娱令”的直接效果是：省级卫视开年的娱乐节目将大幅缩水，一些已经打入广东市场的外省卫视强档娱乐节目，可能将会放慢在收视市场攻城略地的脚步。这对于省级地面电视台来说，算是个利好消息。

“我们不能低估对手。人家在娱乐方面可以做得很好，那在其他方面也不会差。别以为‘限娱令’出台只对一家有利，这个政策是普惠的。我们应该意识到：新一轮的挑战即将出现，‘限娱令’将会引发新一轮的节目竞争。”

对于未来，蔡照波充满乐观：“现在不是说不可以做娱乐，我们要做‘大娱乐’，即那种更具文化品位的娱乐节目。我不认为如果没有‘限娱令’，那些‘蹦蹦跳跳’的娱乐节目就可以长盛不衰。

每个节目样式都有它的生命周期，这是艺术规律。随着社会发展，观众整体的要求和品味会越来越高。”

“大娱乐”到底是什么？

在蔡照波看来，琴棋书画皆可怡情，不同的艺术形式通过电视语言的融合与包装，都会带给观众奇妙的艺术享受，这也是未来娱乐节目的发展方向。事实上，蔡照波不仅精通篆刻，还善以写意之法画竹。其法讲求一气呵成，用笔虽简，但却彰显功力，意境深远。

以水墨见长的蔡照波，又如何将看似阳春白雪的文化艺术搬上“大娱乐”荧屏？

一档别出心裁，有关书画艺术鉴赏、收藏的栏目创意，在蔡照波的脑海里酝酿良久。如今，借着“发展文化”的东风，这档栏目的庐山真面目即将被揭开。

不妨打个比方：徐悲鸿的《奔马图》50万元，齐白石的《墨虾图》30万元，再加上蔡照波的一枚篆刻印章10万元，三件加起来，一共90万元。

“如果有人手里有3万元闲钱，不要说买一匹马，一只虾，连我这个10万元的印都买不下来。”蔡照波笑言，“我们何不借用电视媒介，改革一种新的艺术拍卖收藏模式，让更多的人参与到游戏中来？比如把这三件作品打包，1万元一股，分成90股，开个拍卖会，在一定期限内，买家就拥有了这三件作品的股份。一旦行情上涨，股东可以分利。如果这个‘艺术包’从90万元升到900万元时，那就不得了。”

这个创意十分大胆，岭南文化务实、开放、兼容、创新的特点，在这里高度浓缩。如今，越来越多的人对艺术品鉴赏和投资感兴趣，潜在市场很大。如果能够制定出电视拍卖会的游戏规则，以电视艺术的形式表现出来，将具有里程碑意义。

机会无处不在，只要做个有心人。南方台新近推出的综艺节目《快乐邀请》，收视和网络点击率都很可观；而跟葡萄牙合作方正在洽谈的合作项目“U-man”，将电视节目跟各类媒介充分融合，力争达到整合营销传播的最佳效果。

娱乐的含义原本广泛，曾几何时，却被圈定在了一个狭窄的范畴。有这样一个真实的段子：某业内人士在飞机上听到广播通知要播放娱乐节目。他立刻想到武打搞笑电影或《快乐大本营》之类。不想荧屏放出来的，却是反映某原始部族生活的纪录片——还有多少人会认为，原来纪录片也可以叫做娱乐节目的。

在商业化的当代社会，投资大、见效慢的纪录片面临着极大的生存压力。娱乐与文雅，如何就成为一对纠结的冤家？

南方台在服务大众的前提下，每年投入几百万元的资金，通过制作播出系列重大社会题材的纪录片，冷静审视这个年代。近年来，南派纪录片创作出大量优秀作品，如《广东名片》《深呼吸》等，贴近生活、清新细腻，点滴细节的聚合却折射出了时光流传、社会变迁。

“当广告投放标准不再单纯以收视率马首是瞻时，局势就会发生转机。我们也在梳理明年对栏目的考评制度，除了收视率，会有更多的评价维度细分出来。”蔡照波讲了这样一个故事：好些年前，凤凰卫视的《凤凰大视野》节目的收视率很低，有人提出要停掉这档节目。但是他们的高层认为，这个节目一年能够引来将近亿元的广告收入——这样的节目，收视率再差也要保留。为什么一档收视很低的节目，却能招来如此高的广告收入？因为收视市场的需求是多元化的，《凤凰大视野》能够稳住那部分基数相对较小的高端受众。

“如果一档节目在引导高端受众的同时，还能招徕广告主做到精确投放，从而使电视台赢得很好的经济效益，我们还会那么在乎收视率吗？当然不在乎了。这时候，我们就不是为收视率而战，而是为荣誉而战，也可以说是为效益而战。”

如今的南方电视台，正以700多名员工、5个频道的规模高效运转。深谙不同艺术种类的蔡照波，正努力把电视艺术通往其他艺术门派的“任督二脉”打通。

蔡照波向记者透露，几年内，南方台除了继续打造一个能够吸

一枝润带江南雨　102cm×56cm　2014年

中，珠江频道有效依托并放大了这一优势，在频道风格上努力营造岭南特色，在节目打造上不断开掘本土文化资源，力求适应并贴近南粤观众的收视心理和需求，成为广东人每日必见的“贴心老友”。针对广东观众深受香港电视影响，爱看短小明快的搞笑喜剧的特点，从2000年11月起，珠江频道推出了系列情景喜剧《外来媳妇本地郎》。到目前为止，该剧已辉煌了7年，播出1300集，被评为国内最长气的本土电视剧集。

除地域文化上的贴近性外，珠江频道的持续发展还得益于地缘优势所带来的超前意识与领先探索。

至于要反思之处，我想应该是要有居安思危的意识。随着时代的发展和语言文化融合的推进，粤语方言的壁垒优势会逐渐削弱，粤语忠诚观众已有老龄化的趋势，而这一代人也终将老去，因而珠江频道在坚持独特区域文化定位的同时，如何通过节目形态设计上的新颖化、时尚化、青春化与互动化，逐步扩大普语观众与年轻观众的比重，是一个必须重视的课题。

《中国广播影视》：广东的地理位置特殊，面对众多境外和本土电视竞争，珠江频道如何调整策略，坚守自己的品格？

蔡照波：现在广州的有线网观众可以收看到的电视频道超过了60个，其中包括香港翡翠台、本港台在内的9个境外频道，可以想见珠江频道面对的竞争环境是十分惨烈的。为了应对竞争，珠江频道在竞争策略上，实现了“两转变一深化”的方针。

第一个转变是，频道管理模式由部门中心制向频道制转变。第二个转变是，频道竞争布局由全面防守向主动出击转变。随着在广东电视市场上境外电视尤其是香港电视与本土电视竞争力量的消长变化，从2004年起，珠江频道主动开始了扩大境外覆盖、参与国际竞争、构建与境外媒体合作新格局的尝试。2004年9月，珠江频道海外版正式播出，节目覆盖了美洲、欧洲、澳洲和非洲等地；2005年5月，珠江频道进入香港和澳门有线网播出；同年11月，珠江频道以每天提供6小时节目的方式入股马来西亚家娱频道；2006年10月，珠江频道节目又借道家娱频道，通过 NOW 宽频进入了香港 65 万 IP 电视用户的家庭。目前，珠江频道除在中国大陆覆盖广东省全境及周边省份的部分地区外，在境外还覆盖了美洲、欧洲、澳洲、东南亚、南非等地，可以说，其覆盖面之广，接收人口之多，在省级地面频道中是独一无二的。

还有一个深化是，深化了节目打造上的本土地域策略。我们引入了 SWOT 分析法，即分析组织的优势（strength）和劣势（weakness），面临的机会（opportunity）和威胁（threats）的一种方法，对珠江频道进行全面分析时，认为以节目打造上的本土地域策略作为竞争利器，不失为其利用自身优势来应对外来电视媒体尤其是境外频道威胁的机会所在。因而我们全面深化了珠江频道在新闻、短剧、文娱栏目等方面的本土地域特色，尤其是晚间两大新闻栏目《630 新闻》与《今日关注》，均突出选材的地域性、视角的平民化和语言的方言化，强化了对民生、民意和民情的关注和反映，努力在新闻的本土地域与互动服务性上下功夫。

如在收视上，珠江频道在广东省城市地区的市场份额，2004 年为 6.57%，2005 年为 8.43%，2006 年为 9.48%，2007 年为 9.5%，在广东省城乡地区的市场份额连续两年均在 27% 以上，已经牢牢占据境内外频道收视的第一位。

2007 年，珠江频道在《中国广播影视》杂志主办的“TV 地标（2007）·全国地面频道大型调研展示”中，获得“全国省级地面频道综合实力十强”第二名，继而又荣膺了由中宣部、广电总局等 6 个部委颁发的“全国新闻工作先进集体”称号，这些都可以看作是对我们努力的一种肯定。

《中国广播影视》：《外来媳妇本地郎》自制系列短剧为珠江频道赢得了广泛的声誉，如今已成为品牌栏目，该剧目前已播出 7 年了，有没有“审美疲劳”之惑？如果有，下一步将如何改进？

蔡照波：刚才我也提到，《外来媳妇本地郎》（下简称《外》剧）从开播到现在已走过 7 年，一直保持着平均收视率 15% 以上的骄人

虚心劲节 137cmX34cm 2013年

成绩，牢牢位居广东省境内电视节目收视的榜首，成为广东电视台的一块金字招牌。2007年，《外》剧剧组获得了国家人事部和广电总局联合授予的“全国广电系统先进集体”称号。

当然，《外》剧目前也面临着一些发展瓶颈，主要是选题窘困、创作疲乏以及痛失了主角之一郭昶（剧中饰二哥）等。针对这些问题，我们一方面在剧本策划方面，突破了以往写剧本单兵作战的模式，采用有分有合的团体创作方式，从故事、提纲到台词、剧本分阶段、分任务协同创作，来保障剧本的出新和质量；另一方面，在拍摄过程中，通过合理的轮动，严格的组织协调，及时指正，使创作人员保持热情，不断创新，避免疲乏现象的出现。我们希望通过努力，让《外》剧能为南粤观众带去持久的欢乐。

《中国广播影视》：地面频道需要承担一些宣传意味很浓的大型专题节目，在这些大型节目中，可能有几种运营思路，比如：不考虑投入产出，又能吸引眼球，提升品牌和完成任务。珠江频道是如何考虑的？

蔡照波：对于媒体的产业属性与宣传属性，其实并非不可调和，我比较赞同湖南电广魏文彬说的“只有产业属性的深度发掘，才有宣传功能的强度发挥”这句话。对于指令性的宣传项目，我们一般都强调“化被动为主动，化宣传为感染”的思路，在完成任务的同时，尽可能提升其吸引力和感染力，增加收视，优化投入产出比。

《中国广播影视》：珠江频道在广告运营方面，有哪些创新之处？

蔡照波：在台党委的部署下，自2006年起，珠江频道的广告经营机制由原有的一级代理制转变为广告总代理制。这一举措有效降低了频道广告经营的风险，促进频道与专业广告公司之间优势互补、分工合作，使频道能够更专心于做节目、拉收视、创品牌。在整体目标一致的前提下，珠江频道、台广告部及频道广告代理总公司三方建立了定期沟通机制，就节目设置、版面编排、宣传推广、广告招商等问题进行及时沟通与协调，在互利共赢的基础上促进频道创收的最大化。在广告创收上，2005年、2006年和2007年珠江频道的广告创收分别为1.9亿元，3.2亿元和3.7亿元，也呈现出了连年快速递增的态势，并且单频道广告创收也居于广东省境内各频道的首位。

（载《中国广播影视》杂志2008年4月）

蔡照波走下奖台上擂台

宋晓琪

如今人们界定富翁，早已经把20世纪80年代初的“万元户”摒弃在外，哪怕10万也不灵了，往往得从百万开始。可见100万人民币不是个小数。难怪在2006年3月1日南方广电传媒集团的表彰动员大会上，珠江频道总监蔡照波得知集团继2005年7月给予50万元奖励后，这次又奖50万元，频道共揽得百万元大奖时，立马笑得有牙没眼了。

这不，现在走上我们这个创刊号的“擂台”，一向“苗条”的蔡照波腰杆也挺得特别直，“钱大气粗”嘛！

但蔡照波心里明镜似的，他说：“昨天的成就为今天的超越设置了更高的门槛和障碍，保持已属不易，进一步提升尤为任重道远。”乐归乐，新的思路、新的举措不能含糊。

前行之时，我们先回头看看：珠江频道近年来的实践都围绕着提升频道品牌的影响力，首先是不断扩大覆盖面，把全球粤方言华人联系在一起。细细数来，2004年7月，频道海外版在美洲、欧洲、非洲、澳洲、东南亚成功试播；同年9月，正式在五大洲播出；2005年5月，珠江频道完成了在港澳地区的全面覆盖；2005年底，广东电视台每天提供6个小时的粤语节目在马来西亚的家娱频道播出，这意味着东南亚的观众已经能够收看珠江频道的节目。

第二是不断提升收视。珠江频道在研究对手与观众、打造与维护品牌节目、优化节目编排、加强宣传推介等方面下大功夫，连续多年收视份额位居全省所有境内频道之首。2005 年以“资讯娱乐”为定位全面改版后，全年平均市场份额从头年的 6.6% 上升至 8.4%，提升了 1.8 个百分点，升幅高达 27%，确实了得。这是央视 – 索福瑞媒介研究在我省的调查数据显示的，颇为权威。

第三为不断优化品质。比如三档新闻栏目《正午报道》《630 新闻》和《今日关注》，注重突出民本意识，强化民生色彩，增强互动服务意识，使资讯的“可读性”和“必读性”明显提高。最近，短剧《外来媳妇本地郎》的播出已经突破 1000 集，继续创造广东收视的神话，频道观众的忠实度也有了新飞跃。

有这么好的发展态势，蔡照波谈起未来发展思路时，自然踌躇满志，中气十足，虽神情严肃，笑意却深藏。

2006 年，珠江频道仍然以“连接全球粤方言华人，打造国际知名频道品牌”为目标，继续以民生新闻为突破口，不断扩展收视份额，同时积极创新，进一步提升频道品牌和影响力。

思路定了，举措必定要跟上——

一是巩固优势

短剧创作，提出“想编就编，想演就演”的口号，《外来媳妇本地郎》（下简称《外》剧）的剧本策划和创作，广泛征集各界人士参与，“大众编剧本，开门办电视”。

还有好玩的，借助《外》剧另谱新章——与广西电视台、江门电视台合作，推出百集电视短剧《扭计师爷陈梦吉》，喜剧效果、文化品格和岭南市井气息一样不能少。到时让观众看罢这出看那出，一乐再乐。

民生新闻也在加强。延长《今日关注》的播出时间，实施主持人、记者明星化战略，服务百姓要温馨，评论解读当锐利。

二是节目创新

自制节目创新是电视媒体在影响力经济时代，提升媒体品质和影响力的重要手段。珠江频道今年要集中力量精办栏目，集体研发外，还得整合社会资源，与民营制作公司合作，激活自身创造力。“不管白猫黑猫，抓住老鼠就是好猫。”

三是管理创新

21世纪了，做任何事情，最要紧的都是人才。因此，蔡照波强调在人力资源管理上，要实现人才的合理流动，当然还得慧眼识真金，这是当领导必备的素质。

对于节目的动态管理，频道将建立兼顾市场份额与广告创收两方面的目标责任制，对栏目进行综合考评，优胜劣汰。过去存在的成本意识淡薄、节目粗制滥造的弊端，要力求在短期内消除。

说到成为本期杂志的擂台人物，蔡照波一脸都是同行们熟悉的灿烂之笑：“你看我这么身单力薄，哪里能打什么擂台！”

但这个电视媒体的擂台，我们把他给推上去了。因为蔡照波和他领导的珠江频道已经有内力和实力，加上压力和动力，他们会有很好的新成绩。其实，上不上擂台，竞争和比拼都在进行，都在继续。有点儿残酷，也很美。

喜笑颜开的蔡照波，在真抓实干的时候，相信也会这么有风度。他说了，有南方传媒集团和广东电视台领导的支持，他们的探索和创新就没有后顾之忧，而是更有后劲。

顺便告知各位，蔡照波除了任在电视主业担任不少职务，还有数个社会兼职——如岭南书法篆刻艺术研究会副会长、广东省书法家协会会员、广东省作家协会会员等；当然也还有数种业余爱好：书法、篆刻、绘画、写作等等，都与文学艺术有关，而且均有建树。他出版了《蔡照波篆刻》《蔡照波墨竹篆刻集》和散文集《渡你过海》等书，还曾经举办“蔡照波篆刻展”，现被聘为广东省技术师范学院艺术系客座教授。

2012 年蔡照波于书画室

这样的素养和爱好，与他的电视主业相得益彰，使他的生活更为丰富充实，因此他上擂台，不怯场，不发怵，底气足，豪气壮。

（载《电视艺术家》杂志创刊号总第 1 期 2006 年 3 月出版）

日本当年犯汕头，
潮阳肆虐鬼神愁。
乡民沐血诛强寇，
众志成城报国仇。
诱敌泥滩传大捷，
联防土寨运良谋。
西胪一战千秋颂，
名字永传史册留。

刘麒子《西胪一战千秋颂》
137cmX69cm 2015 年

颇具艺术情结的电视人

——记第五届广东新闻“金梭奖”获得者蔡照波

胡炜斌　刘胄人

在人才济济的广东电视台，蔡照波绝对是个业务精通、才情俱佳的电视精英——这不仅是因为他在电视领域中硕果累累，还因为他有一颗艺术性灵的质朴的心；加上对生活的热爱和对社会的关注，又赋予他在新闻事业上的一种使命感。

现任广东电视台总编室主任的蔡照波，早年毕业于中山大学中文系，先后在广东电视台社教部、新闻中心评论部、节目中心等部门从事采编或领导工作。他担纲策划、编辑或参与制作的电视节目已获得“中国新闻奖”“中国电视新闻奖”“广东新闻奖”“宣传文化精品奖”“五个一工程奖”等国家级和省级奖励50多项。1999年由蔡照波任总监制的《社会纵横》栏目，荣获“首届中国新闻名专栏奖”。近期，蔡照波获得广东新闻界先进人物的最高荣誉——第五届广东新闻“金梭奖”。

参悟生活的“禅机”

人们总喜欢用一种惯性思维去思索、探究——你拿了“金梭奖”，就一定是头只会埋头苦干、任劳任怨、不食人间烟火的老黄牛，什么人生追求、私心杂念仿佛都与你毫不相干。其实，在肯定自己是个老黄牛之余，蔡照波更希望强调自己是个“人”，一个具有血肉之躯、对生活有感悟有追求的人。

细雨湿衣看不见，闲花落地听无声。笔墨丹青、散文随笔以及对生活“禅机”的参悟，不知不觉中竟成了蔡照波工作的原始动力。

回顾20个春秋的电视生涯，蔡照波可谓是兢兢业业、一步一个脚印。刚入台时做的是社会教育类节目，之后负责的是新闻评论类节目，而现在的岗位职责则是对电视台节目的宏观调控。他在一点一滴的积累中成长、成熟直至成功。

其实这20年里，面对电视领域外的种种诱惑，蔡照波并非没有动过心。有段时间，他曾想到大学校园当一名新闻专业教师；还有段时间，他割舍不了内心深处的文学情结，产生了到出版社办文学杂志的冲动……

产生去意的原因很复杂，也很简单——因为他不甘寂寞。在电视第一线勤勤恳恳工作了一大段时间后，蔡照波渐渐对电视领域的一些缺失产生了失落之感——电视理论总跳不出电影理论的阴影，相对缺乏个性；电视作品是易碎品，容易让人徒生“风流总被雨打风吹去”的感觉。当这种无奈与失落冲破理智的极限时，一种不甘寂寞的心态便油然而生——很简单，只是想有所作为。

由于种种客观及主观的原因，蔡照波终究没有走。宛如“声声风铃摇动了烦躁的尘俗，沉淀为心头的宁静”。他留在了电视台，继续默默耕耘着自己在电视领域的“一亩三分地”。

“现在反过来想想，电视记者的生涯，对人生的方方面面是有莫大作用的。因为，电视对社会的切入带给我许多便利，那种来自生活热土的感受也反过来滋润着自己的笔墨。曾记得大学时代，自己的毕业论文是《论苏东坡‘以出世思想干入世事业’》。在电视生涯中，对名利以‘出世’的心态去看淡，对事业却要‘入世’般认真，这样才不会堕入平庸；只有‘入世’，才能把握社会的脉动，这对新闻工作者来说尤其重要。”

“生活并非毫无波澜、一以贯之的，有了生活感悟，反观现实，就会有某种启发；面对社会诱惑，就会使你去选择、去决断。”

艺术家的资质与品性

“对电视、对艺术和对生活的感悟其实是相辅相成的，比如生活中的我很喜欢画竹子，有句话叫：‘竹本无心，外生多少枝节。’这句话是艺术也是生活的，对社会、对艺术都适合。”

蔡照波出生在人文荟萃的古城潮州，家乡深厚的历史文化底蕴、迷人的山山水水铸就了其诗人的品格、画家的悟性以及艺术情怀。“我是在潮州西湖边一间老厝长大的。家里的门窗雕龙画凤，处处可见精美的潮州木雕；老厝与西湖间有斑驳的石板路相连，屋后是蕉园，院里有口井，可谓是年年庭院栽荷花……”

艺术源自于生活。这句至理名言在蔡照波身上体现得淋漓尽致——他喜欢篆刻和书画，常以艺术的眼光观照生活，“以空疏之心去解悟人生”；他喜欢文学，常以诗人的情怀倾诉生命，仿如一个拾梦的“夜游人”。他喜欢避开都市的喧嚣，滤去生活的杂质，静静地感悟人生；而这些艺术情怀，又默默融入蔡照波的电视作品中，实实在在地提高着作品的档次、品位与深度。

才情俱佳的蔡照波自认是个“感性而通达”的人。生活中的他对书画篆刻、文学艺术非常钟情，而且造诣颇高，先后出版了《蔡照波篆刻》《蔡照波墨竹篆刻集》和散文集《渡你过海》等书作。除了痴迷于篆刻的朱白构图外，毕业于中大中文系的蔡照波还放不下心头的文学情结。每逢外出采访，只要偶有感悟，他都喜欢将感受诉诸笔端；闲暇时候，他还喜欢聚友小酌一杯，有时还会借着酒意泼墨挥毫，尽显笔墨风流。

在其充满艺术气氛的办公室内，高高悬挂着一幅古朴、淡雅的《墨竹图》，该画意境超然，而蔡照波却淡淡一笑，戏谑道：“酒后涂鸦，不值一提。”

或许正是这份艺术家独有的清高与淡泊，才使蔡照波在电视探索的道路上站得更高，望得更远……

“得‘金梭奖’是业界对我的厚爱，更是一种鞭策。适逢广东大力打造文化大省的契机，电视人又面临着体制改革的挑战，肩负着面对市场，与国际接轨的重任，我考虑的是电视如何赢得机遇的问题。在新一轮的电视竞争面前，要打造有广东特色和中国气派的不断创新的电视模式，昔日的辉煌不足恃，唯有以务实的精神面对机遇与挑战，方不负时代，不辱使命。”

（载《广东电视周报》2003年8月5日、《潮声》杂志2006年第1期、《作品》杂志2008年4月号下半月刊）

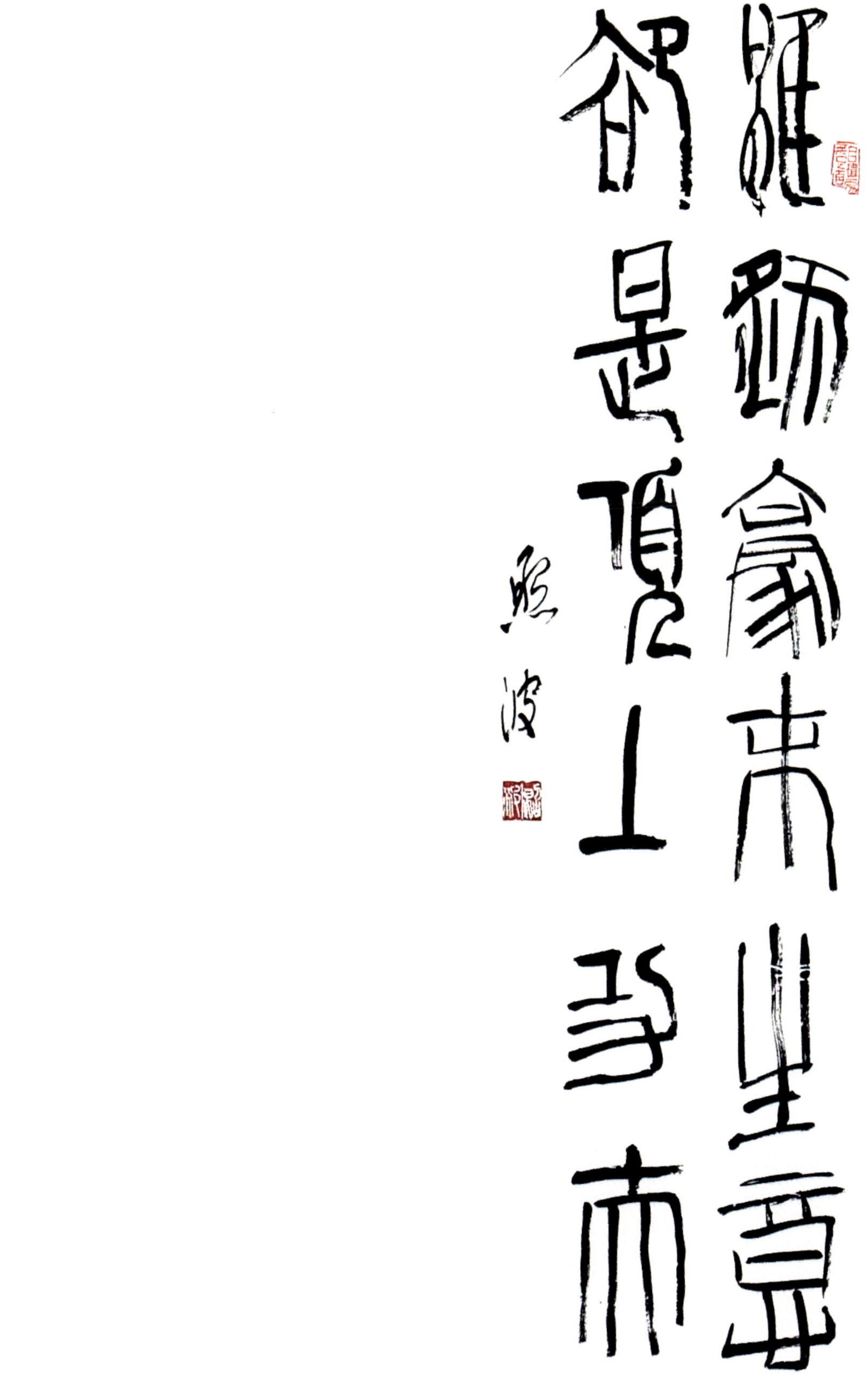

虽然豪末生意　却是顶上功夫　34cm×136cm　2006 年

君子清风 180cmX34cm 2014年

能出问题，工作量可想而知。

多数时候，蔡照波做到下午六点到七点离开办公室，他不喜欢把工作带回家。他喜欢工作的时候认真工作，休息的时候完全放松，所以，节假日的时候，蔡照波可以玩得很疯，他的酒量在广东电视台是出了名的。

蔡照波蛮会玩，也很会生活。和朋友约好一起玩，他不会爽约，又准时，每次都看见他开着白色的轿车风度翩翩而来。

我学篆刻时，常拿蔡照波的篆刻集来揣摩，蔡照波的东西大多精美，这跟他的做事态度有关，极有耐心，又极细心，凡经他手的事情，他总能做到最好，对细节很注意。他的篆刻集收了81方印，散文集《渡你过海》收了81篇文章——他说：“取‘九九归一’的意思。”

蔡照波1979年考上中山大学中文系，那是中国恢复高考制度的第二年，积压了十几年的“老三届”和应届毕业的小弟弟小妹妹一起坐堂听课。蔡照波在班里是“大哥哥”一辈，所以格外努力，除了正课之外，还拜岭南最著名的汉文字学家兼书法家和篆刻家商承祚教授为师，学习书法和篆刻，偶尔还画几笔画，散文也写得细腻而流畅。他原本不应该做新闻的。

我问蔡照波，为什么没有走艺术这条路？很轻松的他，突然有些严肃：“一个人的社会定位由不得自己，还有各种人生际遇、机会、机缘在起作用，但我相信，我今后也不会把文艺丢掉，艺术可以滋润我的新闻工作，我的新闻工作也可以给艺术提供更多的来自现实的灵感。”诗一样的语言，我不觉笑了。

“想问一个采访之外，纯粹是我个人感兴趣的问题，”我问，“你喜欢的女性是什么样的？”一个人的异性观往往能反映他潜藏的个性。

“我以往很喜欢内秀的古典的，经历了一些岁月，我的审美也在变，不知是工作同化了我，还是生活启发了我，我更喜欢纯真、活泼的，比较本色的女性，回到更接近生活原本意义上来了。”

于是，我理解了，同样是电视人，他负的责任比他的部属周晓瑾大，却显得轻松自如的部分原因了。

在一个很讲政治很严肃的电视栏目背后，可能有一个或一群个性各异的制片人，这才是一个栏目多姿多彩的原因所在。

（载《潇洒》杂志2000年九月号总第58期）

2006年蔡照波副台长（左）与广东省原省长卢瑞华合影

苦涩，但你认了，你说毕竟值得。

你说自古以来风流名士岂有不善饮者！我笑言这未免武断，你便也笑，自称是一家之言，并非不刊之论。其实你酒量不大，也并不因酒误事。工作时尤其认真、投入。不过工作之余，周末假日约几位好友小酌，借得一点意态，进入一种境界罢了。有一回酒后文兴大发，你一气写了六篇散文诗，写完后掷笔大睡，醒后抄好就寄，结果全发表了。你因工于篆刻加入了广东书法家协会，时有作品见报。行家观之，可觉出带有酒香的神韵。最近你的部分作品已结集出版，前广东书法家协会主席秦咢生老先生曾抱病为《蔡照波篆刻》题签，还说："照波的篆刻在我省青年中是一流的。"秦老虽已作古，教诲却时时铭记在你心里。

你曾在一篇散文中慨叹："人生大艺术，艺术小人生。"这话有道理，也正合了你一半清醒一半醉的意念——做人做事清醒，从文从艺微醉。

（载《广东电视周报》1994年1月20日、《美丽到永远》1995年7月花城出版社出版）

一个文化品牌的诞生始末

——对话“南派纪录片”品牌首倡者蔡照波

郑　伟

“南派纪录片”概念的诞生

郑伟：您是“南派纪录片”这个品牌的首倡者，在这十年当中有很多对您的采访，包括您自己也提过很多“南派纪录片”的构思和想法，但我还是想回到最初的时候，当时您提出“南派纪录片”的概念是在什么样的背景下？为什么在那时提出这样的概念？

蔡照波：那是在2007年的广州（国际）纪录片大会“广东日”的活动中，当时我们的省、市领导也出席了这一盛会，大会让我做一个主题发言。我就提出我们广东电视在纪录片上要打造凸显“南派”特色的纪录片，首次提出“南派纪录片”这个概念。当时为什么会提出这个概念？实际上在提出“南派纪录片”概念之前，并不等于就没有“南派纪录片”这种特征的纪录片存在。理论往往是灰色的，是滞后于实践的。在当时的影视艺术领域，我们已经看到了很多有我们“南派”特色和特质的作品。拿电视剧来说，1989年就有《公关小姐》，稍后还有《外来妹》等，这些电视剧都带有“南派”特色的地域烙印，而纪录片也离不开这个地域特色。

当时也在大力提倡电视产业化，产业化你要做得好，就要有品牌，我们要为树立品牌而努力，就想到“南派”这两个字。当时有人问我为什么要提出“南派”这个概念。我就做了一个很草根的比喻:

咱们中国武术有南拳北腿，北方人高大用腿，攻击力强；南方人灵活用拳，攻守兼备。一方水土养一方人，绘画也有岭南画派、长安画派、海派等，它们都以不同的面目区别开来，那么纪录片一定也是一样的，也有它的特征。这个概念的提出就是出自这样一个比较草根的想法，我觉得正是因为不是以高大上的、冠冕堂皇的状态来出现，而是很接地气、比较草根的这样一种形式，反而更为人们所接受，更显出它的生命力，所以十年就这样走过来了。

打造“南派纪录片”这个理念提出来以后，十年来有很多获得大奖的被认可的作品，支撑了“南派纪录片”的理念。我觉得用几句话来说何为“南派纪录片”，这谁都可以说，但我自己觉得这应该是众多“南派纪录片”人一起来完成的一件事，不是哪个英雄、哪个学者说怎么样就怎么样，也同样不能因为是某领导的话而作为我们学术方面的依据，不应该是这样。

这十年来，我觉得“南派纪录片”确实走得不错。因为“南派纪录片”概念的提出，以及每年广州（国际）纪录片节就在“广东日”活动上有一个固定的项目，对当年的“南派纪录片”进行评奖和颁奖，这个活动就展示给广东全省包括两个副省级城市电视台、十九个地级市电视台的同仁们，一个比较明晰的印象，即何谓“南派纪录片”；理论上也许一时说不清或不好理解，但是看片子都可以知道，这个片子就是“南派纪录片”，这种直观的东西往往更加有样学样，更加让人感觉到有温度，是可以触摸得到的，就不是干巴巴几个空洞的理论告诉你什么是“南派纪录片”。所以每年推出一批获奖的“南派纪录片”后，何谓“南派纪录片”，你看一看片子就有很好的答案。这样一年一年地推出来，走过了十年，凸显“南派纪录片”特色的这些纪录片几乎荣获了全国纪录片所有的大奖小奖，我觉得这是非常不容易同时也是很令人开心的事情，也觉得“南派纪录片”得到了业界、学界的认可，那么下一步这个品牌还得要进一步地维护和不断提升。

做大文化产业需要文化的品牌

郑伟：因为当时您是作为台一级的领导提出“南派纪录片”这个概念的，作为台一级领导，要考虑很多方面的问题，在当时电视产业发展的情况下，纪录片在整个广东台的发展版图当中占据什么样的位置？那个时候为什么要推动和发展纪录片，台领导是怎么考虑的？

蔡照波：广东电视台当时有一个纪录片栏目叫《纪录片地带》，主要播外面公司提供的纪录片，我们加以包装，然后就播出。这样的一个节目，说好听点就是完善了我们电视频道，24 小时里面有纪录片这个品种，使得频道节目具有丰富性；从另一个角度来说，又有一点填空、填版面之嫌。当时的电视栏目力推市场化，当年这个栏目就拉不到赞助广告，栏目的开头和结尾也没有特约。所以当时有位分管的台领导就提出取消这个栏目，纪录片几乎是没有人看的，纪录片也是花钱买来的，不管多便宜买回来也要花钱吧，买回来没有回报。

郑伟：而且占据频道资源。

蔡照波：对。所以《纪录片地带》这个栏目也就被取消了，后来提出这个概念的时候，正好我分管纪录片这块(因为我是2004年当副台长的)，我当时就提出，电视既然是一个文化产业，那么它的产业属性就要做大，而没有文化的品牌是很难做大的。在初级阶段可能会抛弃这些文化的东西，反正老百姓喜欢看的就是好的，就去做。但是作为一个领导，你应该有一种社会责任感，有一种自觉的行为。我们的媒体应有一种社会担当，

2017 年 5 月 27 日，由中国电视艺术家协会、广东省新闻工作者协会和广东广播电视台联合主办的南派纪录片十周年学术研讨会在广州珠岛宾馆举行。赵化勇、仲呈祥、俞虹、苏宏元、时统宇、梁红、王建国等来自全国各地的 30 多位学界和业界大咖云集，就“南派纪录片现象”进行了广泛研讨。时任广东省委常委、宣传部部长慎海雄出席并讲话

清风满竹林 70cmX139cm 2012年

其中除了肩负引导舆论的责任，还有对文化的弘扬与传承，这也是不能切割的一块。只有把文化做大了，一个台的文化自信建设起来了，我觉得才会催生一些现象级的节目。在这种情况下，我又开办了纪录片栏目，而且还改变了以往都是播出买回来加以包装的纪录片的模式，这次是组建自己的纪录片团队，所以那时候开始有了《珠江纪事》这个栏目，利用这个栏目展开探索。

在这个探索过程中，我们作为省台，跟下面十九个地市台还有两个副省级城市台，都有业务上的互动，默默之中有一种榜样的力量，有了这样的一个纪录片平台的推出，就使得各地市台跟我们学，一下子清远台、佛山台、中山台、东莞台等等都出现了相应可对接的纪录片栏目。有时候省台纪录片作者去跟他们讲讲课、进行业务交流，这就是一种无形的互动、相互的学习。因为地方台有很接地气的题材，在这个互动过程中，我们觉得真是好的片子，我们纪录片播出平台就提供播出的机会，这样一个良性的循环，让这些电视人感到很振奋。随着“南派纪录片”概念的提出和节目创作的推进，广东电视台作为“南派纪录片”的创作基地和培训中心，也得到了中国电视艺术家协会纪录片学术委员会的认可，还有一些教师在大学的课堂上也把这个概念不断地加以诠释和完善。所有这些共同成就了今天“南派纪录片”这个好格局。

（载公众号“媒意见”2017 年 7 月 24 日）

南派纪录片的追求

——对话“南派纪录片”品牌首倡者蔡照波 II

郑　伟

向好向高，追求文化内涵、思想境界

郑伟：岭南画派这些“南派”艺术，它是个人创作的艺术形式，本身就带有个人化的风格色彩，其特色易于总结。但是电视纪录片，它是一种工业化的产品，而且是集体创作的产品，我们要去总结它的特色，存在很大的差异，需要不一样层面的思考，您是怎么看待这种差异的？

蔡照波：相比几十年前，现在的社会生活方式发生了巨变，现在我们想看全世界哪个国家哪个地方的情况都可以看到，可以借鉴的经验也很多；以前资讯的往来都受到地域、交通、通信各方面的限制，想不画地为牢也得画地为牢，这块地方就是这样，那块地方就是那样。今天我们作为纪录片人，特别是作为有抱负的纪录片人，希望能在中国拿大奖，或者在国际电视界比如在好莱坞或者哪里拿奖，甚至是开宗立派——也就是在某一个历史时期，我是最棒的，反正在历史上能留下名——有这个想法有这个追求，你的作品就要获得国内和国际的认可，那么就会有很多的趋同性，比如叙述方式上，用现在学术上的提法就是你的国际表达。大家都冲到这个舞台上，用一个大家都认可的标准。风格就是形式的，形式就是工业流水线的生产，到后来就是选取最好的。形式上的个性化被趋同性消磨掉。

但是存在的不同，就是思想，思想是趋同不了的，所以到了最后比拼的就是不同的思想。

比如说大家就都拿着毛笔，会画山水，但是它表达的内涵，精神境界就不一样。中国古代有个故事，主考官叫考生们画一幅画，题目就是“野渡无人舟自横”这句古诗。大部分考生画的就是野渡，没有人，那艘船就漂在那，空旷、四野无人，几乎都是这样。但是有个考生就画一个撑船的人，躺在船上，吹着笛子，明明就是有人，他在里面就衬托出了无人的感觉，这就是思想境界比较高的。纪录片到了最后也肯定是这样，比拼的是思想。

另外一个就是你要敏感地捕捉到当下时代众人所关切的主题。你老是讲一些如残疾人要关怀，孤寡老人要照顾，其实哪朝哪代都有这个话题，残疾人、孤寡老人、失学儿童，岂是今天才有？几百年前都有，上千年前都有了，以后也会有，但是你今天涉及这个孤寡老人的问题，是否能带上这个时代的烙印，能否反映这个时代的精神，需要的就是自己的思想和眼光，最后靠深度取胜。形式上的精致很多人可以做到，10 部不行，拍到 20 部的时候，你就可以达到了。所以纪录片的形式和思想，一种有形一种无形，有形的相对容易，无形的部分更难。

以前我在做部门总监的时候，香港电视《铿锵集》的记者采访过我。他说，蔡总监，你的《社会纵横》栏目在社会中的影响已经很大，那么未来舆论监督的栏目，如何把它做到你的理想境地，能不能跟我们分享？我说，理想境地就是社会再也不需要这种栏目。为什么？如果到了社会相对更加公平和谐的时候，这种为老百姓呼吁、呐喊的节目就不需要了，那么这个栏目就可以取消了。我喜欢看武打片，看完之后你会得到一个融会贯通的概念，没有武当派打赢少林，也没有少林打赢什么拳之类的，到了最后就是多派融合才能成功。“南派纪录片”也要融会贯通，所以我们就要向好向高，追求文化内涵、思想境界，而不是空喊这个口号。因此对“南派纪录片”这个概念，如果去静态地诠释它，要用一两句话来说是说不清楚的。而且社会在不断变化，今天这个岭南画派和百年前的岭南画派是两码事了，人们的认同度不一样了，如果你今天固守原来的阵地，你就不是岭南画派的精神了，岭南画派是艺术家融汇了留学归来的经验，把中外不同的画法、色彩、构图等艺术特色有选择地借鉴融合在一块，才成就了岭南画派。

郑伟：我可不可以这么理解您的意思："南派纪录片"聚拢起来这么一群纪录片人，我们在不断地培植、发展我们的艺术创作的水平，提升思想上的创作高度，当我们真正达到您说的高、好的标准程度的时候，达到顶尖的最棒的标准程度的时候，我们可能就不需要"南派"的存在了？

蔡照波：是，什么派都不存在了。

郑伟：我们那个时候就不需要"南派纪录片"这个概念，就好像我们说真正好的东西，不需要任何别的附着的东西。

蔡照波：就单纯是一部好的纪录片。

郑伟：我们现在可能还需要"南派"这个概念来聚拢我们的力量，来保持我们发展的态势，需要在广东电视或者岭南电视领域去保持我们纪录片整体发展的一个向上的势头，是这样的意思吗？

蔡照波：我就曾经说要探讨这个话题，必须梳理我们今天"南派纪录片"人所处的这一块热土，我们所拥有的有别于其他电视人的手中资源。想清楚这个问题，就不是问题了。当时考虑的就是，把我们广东毗邻港澳，对外来文化先知先觉的地缘优势和广东人对时尚性、领潮性元素的敏感把握上体现出来的人文特色结合到一块，加上广东文化本身的地域特色，比如说岭南的戏曲粤剧，还有刚才说的岭南画派……这些就是已经有烙印的，把它们聚在一起糅合起来，就是我们"南派纪录片"的特色。

如果从另一个角度细化到更细的，我们追求的是一滴水照见太阳。最初推的是栏目化的纪录片，一个星期播一期，一期推一期，不同于一年磨一剑甚至是数年磨一剑，我们是短平快，我们强调的是瞬间的闪光，一滴水能照见太阳。你不能说中央电视台在拍《故宫》，我们就比照拍《故宫》的做法来做，那是不可能的，那个是项目，不是栏目。我们更多的是要即时适时地影响大众，栏目可以持之以恒，常年播出，与观众又有约会意识，这样传播就更加能够收到社会效益。

是挑战更是机遇

郑伟：在当前多媒体竞争加剧的形势下，作为“南派纪录片”或者作为广东电视系统的纪录片来说，面临什么样的挑战以及未来有什么样的走向，可以说一下您现在的判断吗？

蔡照波：我觉得电视在多媒体发展的今天，受到了冲击是有目共睹的，但是电视很难被取代。因为不同的媒介自有它生存的空间。随着时代的进步、社会的发展，我们也会保留住我们的空间。我觉得这点做到了，就可以了。你回看历史，从最早的电台，到后来的报纸，再到电视，然后有了新媒体，实际上都是各自有自己的、别人难以代替的属性，不需要担心它会消亡、被代替掉。

作为电视这个行当的品牌，我觉得可能纪录片还适逢其时。在多媒体挤压的当下，短平快的新闻受的冲击很大，但是作为有一定思想深度，又耗费一定的时间来制作的有一定长度或者集数的纪录片，倒是其他媒介很难替代的。这对纪录片应该是一个机会，也是一个挑战，但更是一个机遇。

郑伟：机制需要做出调整吗？

蔡照波：市场化，这方面我想就是不要有太多的限制，合作合拍，走出去，这是一个大的方向。另外一个就是在一定时期内给予一定的支持。支持肯定是经费、物质、平台，这些是非常需要的。新媒体不也是这样么，你看哪个新媒体一开始就能赚钱，你看现在的新媒体是很多很好，点击量很高，但是风投会继续投进去吗？真正到最后能够获利的，三五年之后一收网也没多少家。我们可以说腾讯、百度、阿里等，这几家之后，你还能说出有哪些能真正赚钱吗？没有多少家了。所以在这点上我们应该有自信，应该是没问题的。我们把纪录片这块地耕耘好，我觉得应该是前景很好的，替代不了的。

郑伟：谢谢，感谢您接受采访。

（载公众号“媒意见”2017年7月24日）

无碍 71cm × 70cm 2005 年

叁

收藏印章、通晓篆刻艺术比鉴赏石头更重要

许　悦

诗、书、画、印是中国书画的“四绝”，印章集印面篆刻美、印纽雕刻美以及印材美“三美”于一身，于方寸之间，气象万千。它不但涵盖了3000年的中国文字衍变历史，而且在方寸的块面上，凝聚了绘画、书法、雕刻等诸多美术因素。

早些年，由于人们对其内涵与价值认识不足，篆刻艺术几被湮没。直到2008年北京奥运会采用“中国印”作为会徽，才把篆刻这门古老的小众艺术推到了大众面前，篆刻艺术才得以在国人、世界面前绽放异彩。

近年来印章收藏风起，拍卖价格不断攀升，收藏也不再局限于文人圈子了。但很多藏家附庸风雅只懂追求石头，如何欣赏篆刻艺术目前还是很多收藏家需要恶补的一门功课。

篆刻艺术市场现状不如书法和绘画

主持人（赵利平·收藏家、广东省文艺评论家协会主席团成员、广东省文化学会副会长）：诗、书、画、印是中国书画的“四绝”，篆刻虽小，但在方寸的块面上，凝聚了绘画、书法、雕刻等诸多美术因素。然而早些年，由于人们对其内涵与价值认识不足，印章的价值被埋没。近年来在文人圈子里兴起了一股印章收藏的风潮，对篆刻艺术的重

视程度逐渐提升。

蔡照波（西泠印社社员、广东省人民政府文史研究馆馆员、广东省书法家协会副主席、中国书法家协会会员）：没错，最近几年篆刻艺术的地位已经慢慢升上来了。特别是2008年北京奥运会采用“中国印”作为会徽，把篆刻这门古老的小众艺术推到了大众面前，使得篆刻艺术得以在国人、世界面前绽放异彩。不仅如此，2009年“中国篆刻”成功入选2009年《人类非物质文化遗产代表作名录》，西泠印社进入世界视野，说明篆刻艺术已经得到了大众的承认，我相信接下来，篆刻这一脉肯定会得到大发展。

主持人：但现阶段，许多人只知道作为篆刻载体的田黄石、鸡血石、白芙蓉石以及各种名贵印石，对篆刻艺术的价值还不是很理解，社会上有些篆刻家卖篆刻还不如卖印石收获大，于是有“印人卖石不卖篆”的说法，篆刻变成附赠的服务，与书法和绘画的市场价格更是不可同日而语。

沈永泰（西泠印社社员、中国书法家协会会员、广东省书法家协会主席团成员、广州市书法家协会副主席）：其实现在一些当代篆刻名家的印章价格也很高了，以西泠印社副社长韩天衡篆刻的印章为代表，现在的市场价格已经涨到了10万元/字，一方印章篆刻费用在数十万元。

蔡照波：篆刻艺术很传统，能够欣赏篆刻艺术，又能解读印文理解其艺术内涵的人，现在的确很少。一枚印章好不好，懂行的人肯定说艺术第一，石头第二，最好是二者完美的结合。不懂艺术的人附庸风雅，外行看热闹，当然我这里说的附庸风雅并不是贬义词，他就只能看石头好不好。

现在印章收藏风起，很多古代的印章都在拍卖会上拍出了高价，这就是篆刻艺术和文物价值的叠加体现。对比古代的印章和当代的印章我们会发现，古代的印石根本比不上现代的高档印石，欣赏古代的印章看的就是篆刻艺术。

古镇陶瓷

当然，现在即使只是收藏印石也是一件赏心悦目的事情，很多高档的玉石颜色非常丰富，欣赏价值很高。

主持人：印石的种类很多，田黄石、鸡血石的价格被炒得很高，你们两位平时篆刻用的什么石头比较多？

蔡照波：可以用来刻印的石头很多，公认的“四大印石”是福建的寿山石、浙江的青田石、浙江的昌化石，还有内蒙古的巴林石。这四种石头产量大，影响大，但现在不少地方的印石比如福建的寿山石已经禁止开采了，所以价格涨得厉害。广东的广绿玉也可以用作印石，但产量不是很大，价格也高。

我现在用的印石很多都是上世纪八九十年代买的青田石，当然现在经常也有福建人来推销寿山石，价格也不是太贵。

沈永泰：以前我们篆刻一般用的都是青田石，现在我自己用巴林石比较多。不同的石头因为软硬度的不同，雕刻的效果是很不一样的，太软的石头雕出来线条不够利落，太脆了也不行，一下刀容易崩，只有软硬度比较适中的石头雕刻出来的线条力度比较好。

蔡照波：不同的石头有不同的特质，就像南方人温和一点，北方人比较刚烈，石头也是这样。我感觉寿山石比较绵一点、粉一点，而青田石比较爽脆一点，所以不同的石头造就了不同地域不同的篆刻风格，出现了各种篆刻流派。我个人就比较喜欢用青田石，出来的线条比较爽脆，有刀感，跟我的个人风格更加吻合。

判断印章好坏要看有无人文情怀

主持人：不同的篆刻风格之前也曾经有过针锋相对的对比，你们如何看待篆刻风格的不同？

沈永泰：我觉得不同的风格没有什么可比性，工整有工整的好，粗犷有粗犷的好，比如魏碑和唐碑，你怎么分得出哪个好哪个不好？关键看个人喜欢。照波的篆刻风格比较率性，我的篆刻风格跟我的书法风格一样，都是比较工整，传统的汉印、秦印风格上也都是比较工整的。

廖富翔、鞠稚儒，很多都不是广东本地人，不同地域的篆刻风格在广东互相交流渗透。

主持人：一说到篆刻大家肯定都会说到西泠印社，西泠印社创立于清光绪三十年（1904 年），是我国现存历史最悠久的文人社团，也是海内外成立最早的金石篆刻专业学术团体。为什么经过这么多年西泠印社还有这么大的影响力？研究西泠印社对其他艺术团体的组织运作是有指导借鉴意义的。

蔡照波：西泠印社的影响力是由多方面组成的。首先是明清时期江浙一带的文人雅士非常多，杭州是当时中国最繁华之地，文人追求风雅的风气很盛，因此会使篆刻这门文人追求的艺术得到传承，经济的发达会带动文化艺术的繁荣，这一点古今都一样。而同时期的广东仍是南蛮之地。

其二是，西泠印社每一任的社长都是文化界的领军人物。第一任社长吴昌硕诗书画印博采众长，自成一家，被誉为“四绝”，是近现代杰出的艺术大师。之后的历任社长马衡、张宗祥、沙孟海、赵朴初、启功都是能够“带旺一乡香火”的大家。现任社长饶宗颐也是享誉海内外的学界泰斗和书画大师。

沈永泰：西泠印社有“天下第一名社”之盛誉，“保存金石、研究印学、兼及书画”这一宗旨非常重要，另外有一个固定的社址也是必需的。

蔡照波：没错，当年杭州西泠印社的有识之士，不但一块儿切磋艺术，还有人有奉献精神，买下了孤山那块地。有了物业才有传承，一个协会如果没有固定的活动场所，没有固定物业，一代人过后可能什么都没有了。现在一说起孤山，就想起西泠印社，有孤山这样一个物质载体，才支撑西泠印社这么多年的传承。

现在我们5个在广东的西泠印社会员发起成立了广东南方印社，我是首任社长，我们不求名利，希望通过这个组织推动广东篆刻艺术的发展。

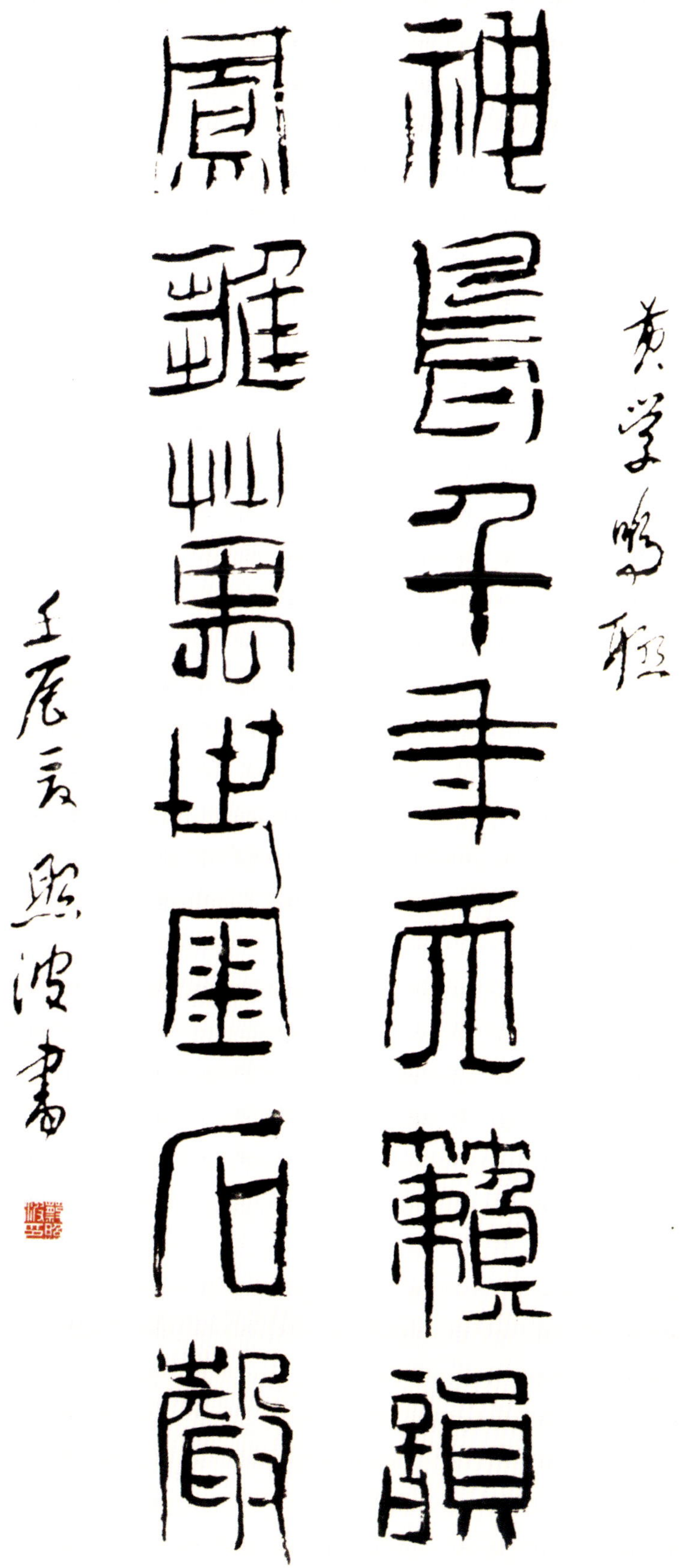

神鸟千年天籁韵　凤雏万世金石声　65cmX136cm　2012年

篆刻艺术创作出现了鲜明的风格特色和艺术流派，此时的篆刻是我国篆刻艺术史继汉代篆刻之后又一次出现兴盛的气象。

（载《羊城晚报》2015 年 8 月 8 日《名家话收藏》）

书法价值逐步回归
乾隆帝成为最受欢迎书法家

许　悦

书画同源，二者本来不应分割，不过中国艺术品市场的现实交易却使绘画和书法的市场呈现两极分化。尤其是2012年之前的中国书画市场，一边倒地推崇绘画，导致书法作品的价值被严重低估，这么多年来，书法作品“位高价卑”的局面一直没有被打破。

但在2015年春拍，在艺术品市场成交额大幅缩水的情况下，晚清及民国书法却在升温，人气最高。对此中央美术学院特聘教授龚继遂表示：“书法是被低估的板块，书法与绘画产生了错位，一些民国绘画属于技巧性，其收藏价值远不如优秀的书法作品。”

文字的力量正在显现，但书法板块现在只能说是升温，还远远没有体现其应有的价值。过去的藏家首重善本书，次重墨迹，最后才是绘画。在书法价值逐渐回归的大背景下，当代藏家应该如何收藏鉴赏？书法家是不是越老越“值钱”？

壹　怪相：秦咢生的书法比当代书法家的还便宜

主持人（赵利平·收藏家、广东省文艺评论家协会主席团成员、广东省文化学会副会长）：书法是一个被市场低估的板块，但近两年来关注度不断上升，为什么会受到欢迎？

陈秋明（广州市人民政府文史研究馆馆员、广州市书法家协会顾问）：这应该是书法价值的回归。现在懂书法的人太少，很多人说书法很容易，5 分钟就写出来了，但他们没看到一根线条背后是几十年的苦练。

蔡照波（西泠印社社员、广东省人民政府文史研究馆馆员、广东省书法家协会副主席、中国书法家协会会员）：书法受重视，我觉得主要有几方面的原因：一方面是近十多年来，国家教育部在中小学普及书法教育，中国书协也做了一些书法到基层的活动推广。广州很早以前书法就进小学了，对中小学生的教育促成了家庭对书法的重视，从而带动整个社会对书法的关注。

另一方面，“十八大”之后，随着防腐之风的推进，官员在书画方面的腐败受到遏制。以前一些书法水平一般的官员，练过几笔毛笔字之后就敢到处题字，而且市场价格还被抬得很高，反倒是真正的书法家作品少有人问津。

主持人：今年春拍人气最高的是晚清及民国书法，这与持续了 20 多年的民国历史热应该也有关系。

蔡照波：比如今年春拍拍出 1725 万元的黄宾虹书法《大盂鼎铭文手卷》，临习的是古代铭文，创下了黄宾虹书法类作品的最高拍卖纪录。书法的价值一是记录，二是审美。在黄宾虹这幅《大盂鼎铭文手卷》中，书法的多重价值都得到了体现，即内容和书家线条审美的叠加价值。看春拍其他受欢迎的书法作品我们也可以发现，这些书法作品都是历史内涵比较厚重的，可见藏家对书法的审美水平正在提高。

另一个现象，很多拍出高价的书法作品，其作者都不是严格意义上的书法家，比如黄宾虹、饶宗颐，他们的书法作品不仅仅只是形好、线好，还上升到道好，体现的是个人的综合修养，这样的作品正慢慢得到人们的肯定。

主持人：但在广东，老一辈书法家如秦咢生、麦华三等人的书法作品，有时价格比一些当代书法家还便宜。

陈秋明：当代一些所谓的书法家炒作成风，这是不正常的现象。现在很多人到北京抢占山头，因为“山头上的草比山底下的树还要高”，其实民间有很多高手。

以前广东书法老一辈的领军人物如容庚、商承祚、麦华二等人，他们学富五车，让人肃然起敬。到了当代，书坛受行政干预太多，一些书协的领导人太年轻，本身的书法素养也不高，没法服众。

蔡照波：所以现在真正收藏书法的藏家，收藏的还是以古代书法和民国书法为主，专门收藏当代书法的很少。其实这也是很理性的收藏，古代一直到晚清乃至民国，中国书画板块中，书法的价格都远高于绘画，只是到了当代，书法才成为一个被低估的板块，所以现在收藏古人书法是一个不错的选择。

贰　艺术当下最大的泡沫就是“个性”

主持人：现在的书法流行“现代书风”，实际上是一些年轻人急于成名，在字体上进行夸张变形，以反传统迎合现代人猎奇的口味。这样的个性为什么不可取？

陈秋明：这种书风，其实完全没有吃透传统，也不是在继承前人基础上的创新。

书法是一门博大精深的学问，是传统的集大成，不能有半分的投机取巧。古人在书法上已经取得了这么高的成就，现代的书法家又如何突破呢？我觉得只有在前人的基础上浸淫，融会贯通，才能让这变化无穷的线条自成一格。

临帖就是一名书法家终生的事情，这是学书法的不二法门。现在一些书家，初期还很努力临帖，写出很多质量较高的作品，以后慢慢形成个性，就不怎么临帖了，开始自以为是，再有媒体吹嘘一下，就飘飘然了。这些人个性越强，距离书法本义越远。像王铎这样天分极高的书家，还要一天应酬一天临帖，何况那些半桶水的自诩书法家？

观千剑然后识器，操千曲然后晓声。书法也一样，当你各种书体都玩过了，在书法大海洋兜了一圈，才懂什么叫书法。那些仅临似某人某家书法的，得其皮毛，必然坐井观天，难有大作为。

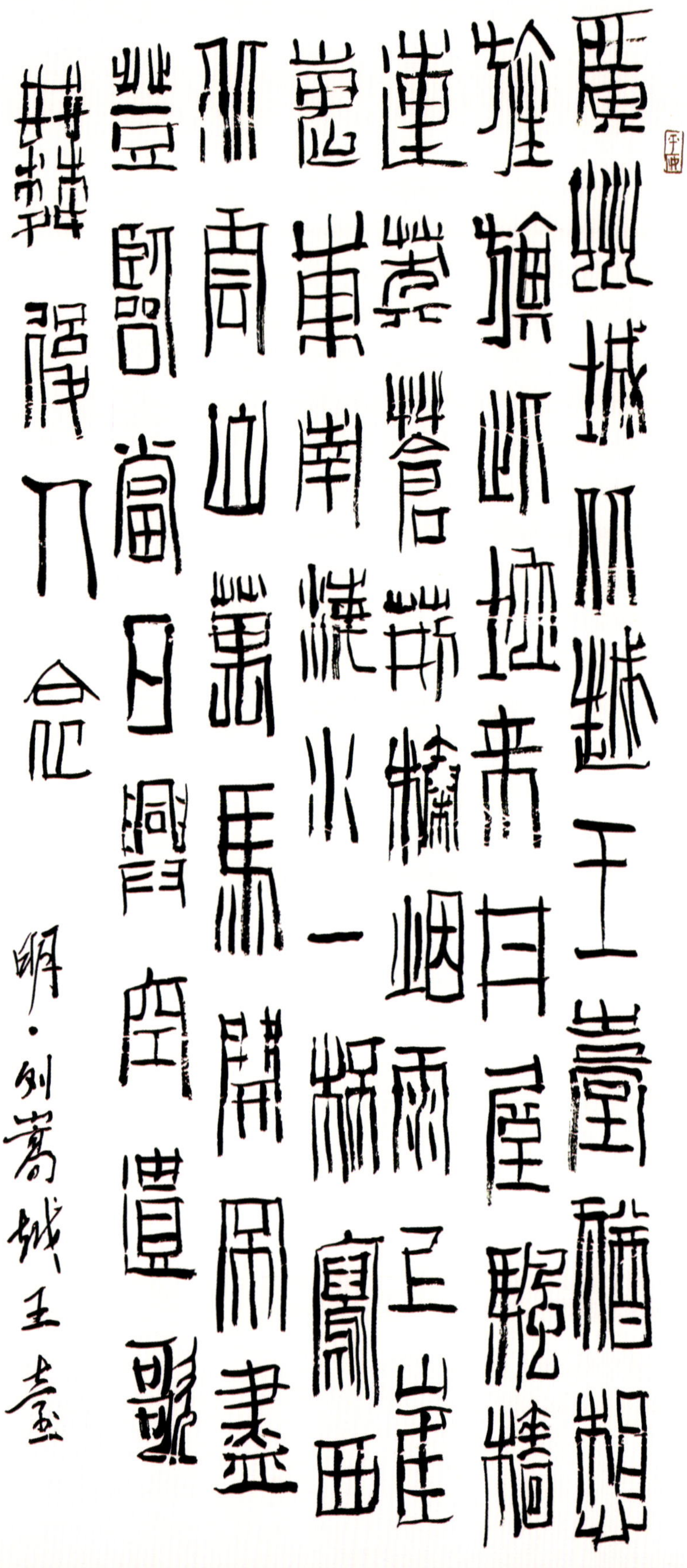

广州城北越王台，
犹想旌旗此地来。
井屋帆樯连莽苍，
荆榛烟雨上崔嵬。
东南海水一杯泻，
西北云山万马开。
不尽登临当日兴，
空遗歌舞后人哀。

明·刘嵩《越王台》
甲午秋月照波书

138cmX69cm 2014 年

陈秋明：书法家在 60 岁是黄金时期，我也是到 60 岁的时候才明白什么是书法。现在十多年前写的作品都被我拿来练字，看不上眼。

我以写行草为主，临摹一本《圣教序》整整用了十年时间。后追溯其他行草大家作品，对行草有了比较深刻的认识之后，再铺开对篆书、隶书、楷书、章草、北碑等都进行涉猎。这个过程起码也花了十年时间。慢慢掌握书法规律性的东西，然后又再回到行草方面来。

我现在想得更多的是，如何向前走多一步。这就好比跳高，之前跳过了 180 厘米，现在琢磨着怎么跳过 181 厘米。这么 1 厘米，可能要付出更艰辛的努力。

肆　学习书法知识是书法收藏的基础

主持人：如果书法教育越来越弱化，书法艺术的发展会否受到影响，书法艺术品的收藏会否受到影响？

陈秋明：书法教育的弱化，肯定会对书法艺术的发展、艺术市场带来影响。我们可以看到，当今社会，真正懂得欣赏书法的人并不多，主要是参与的群体比古代少了。以前大家都在拿毛笔写字，从小就要写毛笔字，现在用的是钢笔，甚至用电脑取代钢笔，好比中国足球，为什么不如一个小国，因为参与的人太少了，不够重视。

这造成现在书坛鱼龙混杂，一批跑江湖的“大师”有机可乘，也让一些当代的领导糊弄一番，以为拿起毛笔练了几天字，就可以成为大家了。因为许多人不懂，就容易相信别人的吹嘘、自我宣传，或是相信他的头衔，上当受骗。

许多收藏家不敢收藏书法，因为看不懂害怕上当。这就如同我们买玉，不懂鉴别 A 货翡翠和 B 货翡翠，就不敢收藏。

当然，现在的情况有所好转，国家开始重视书法教育，规定学校要开书法课，西风东渐的局面也有改观。开始意识到我们老祖宗留下的许多好东西，重视文化传统的传承。

书法作品大致可以分为名人书法、书家书法。名人书法因其政

明星、作家书法是否有收藏价值？

许　悦

上个月在济南举行的第二届“全国九城艺术联展”上，2012 年新科诺贝尔文学奖获得者莫言两幅书法作品分别标价 50 万元和 20 万元。贾平凹的书法作品，标价也达 7 万元。同样以作家身份客串书法家的，还有余秋雨、张贤亮等人。前段时间根据陈忠实的小说改编的电影《白鹿原》上映后，马上就有人开始寻觅陈忠实的书法了。

一样是写字，但写书和写书法，就经济价值而言相去甚远。在作家圈里，写字画画虽是副业，但来钱绝对比正业快多了。贾平凹应该就是卖字卖画时间最长的一位作家。他从不讳言书画的收入丰厚，“我现在写书法、画画比写长篇收入多得多。我养家的方式不是写书，而是靠卖字画，写字画比写书简单”。

据说，贾平凹的书法价格现在已经引领西安书法界，比当地绝大部分真正书法家的作品价格都要高。

跨界客串书法家的，除了作家还有明星。赵本山、张铁林、姜昆、唐国强等人的作品，现在也频频出现在拍卖场和书法展上。

而藏家最关心的是，名人书法到底有没有收藏价值？

对名人书法应该包容

赵利平（嘉宾主持·收藏家、资深艺术评论人）：最近越来越多作家、明星客串当书法家，特别是莫言获得诺贝尔文学奖之后，他的书法作品价格跟着被抬得很高。还有贾平凹、余秋雨、赵本山等人，他们的书法作品价格，甚至比很多真正的书法家作品还要贵。对此几位有什么看法？

陈志平（暨南大学教授、书法研究所副所长，广东省书法家协会主席团成员）：名人通过写字来赚钱，这也是实现自我价值的一种方式，成功地把“名”兑换成了“利”。先不去讨论这些名人书法的艺术造诣有多高，民众收藏这些书法作品，可以一定程度上满足崇拜名人的心理需求，同时也会促进他们对于书法艺术的探究，我觉得没什么坏处。“明星书法”也不是搅局，因为历史是公正的，群众的眼睛是雪亮的，放到一个相对较长的时期去看，“明星书法”因为真实生动地反映了时代的侧面，必然会具有一定的历史价值。

蔡照波（西泠印社社员、广东省人民政府文史研究馆馆员、广东省书法家协会副主席、中国书法家协会会员）：不管是名人还是大众，只要喜欢艺术、喜欢书法，能拿起毛笔来写字，就是推动书法艺术发展的推手。附庸风雅原是个贬义词，但放到现在，我倒觉得是件好事。有这种爱好有这种追求，即使水平不高也比完全不懂的好，名人书法对社会、对艺术都是有促进作用的，所以我们要包容。

许鸿基（中国书法家协会理事、广东省书法家协会副主席、广州市书法家协会主席）：名人书法受欢迎，起码反映了书法对人的修养、对社会有一定影响，通过书法，还可以加深民众对名人的品格、才华等方面的认识。我认为只要是对书法的发展有推动作用，我们都应该鼓励、包容。

我们需要注意的，是不能简单地把市场价格等同于书法的艺术水平。更进一步讲，我们应该探讨“什么是书法”“什么是好书法”，这样才有利于书法艺术的发展，不能因为是名人写的就追捧。

陈志平：之前看到媒体报道过一则新闻：“名家字画无人问，行长一字值千金。”这说明收藏者对于收藏字画有很多现实利益的考虑。名人字画好卖，不全因为他们的艺术和名气，其中不排除一些藏家有借机拉拢名人谋取私利的想法。有些名人对此心知肚明，但因为抵御不了利益的诱惑，而助长了社会上的投机之风，这是一件让人遗憾的事情。

赵利平：书法用于陶冶性情、修身养性无可厚非，但用书法作为载体去谋私利，我心里还是有抵触的。不过这种现象在当今很普遍，会不会误导成为一种风气？

蔡照波：这的确是在生活中时时触及的文化界的问题。现在的社会审美越来越多元化，但我始终认为，名人书法假若水平不高，“赢得了当下，赢不了千秋”。而且卖得了10幅、20幅，卖得了100幅、1000幅吗？不可能的。我们不能被书法界这些个别的假象所迷惑，不能让一片树叶挡住了整个森林。

中国现在的艺术品市场，艺术价值和艺术价格是不对等的，但书法大师也不是靠一张、两张卖出高价的作品就能炒出来的，让时间来考验吧，时间是可以淘出金子的。

哪种名人的书法最受追捧？

赵利平：往回看，其实古代、近代也有很多名人书法流传了下来，名人书法应该是由来已久的一个概念。这个“名”对他们书法的影响有多大？

陈志平：名人书法追溯起来的确有很深的历史渊源。唐代以前，书法注重艺术本体。到了唐宋以后，人们对书法的认识有了很大的变化，突出强调书法家的人品、人格，不再是艺术至上，而是人格至上。“谈书法先谈人格”这种转向，归纳起来称为“归本于人”。如“楷书四大家”之一的颜真卿，他是一位忠臣烈士。在欧阳修看来，像颜真卿这样的人，即使字写得不好，但他的字还是应该受到尊重，原因在于他的道德人格高尚。

许鸿基：我是崇拜颜真卿书法的。颜楷中正、刚健、宽博，是书法美与人格美相结合的典例。颜真卿人品高，其技和法，前无古人，后无来者；其书理更反映出中国传统哲学。但从古至今，对颜真卿

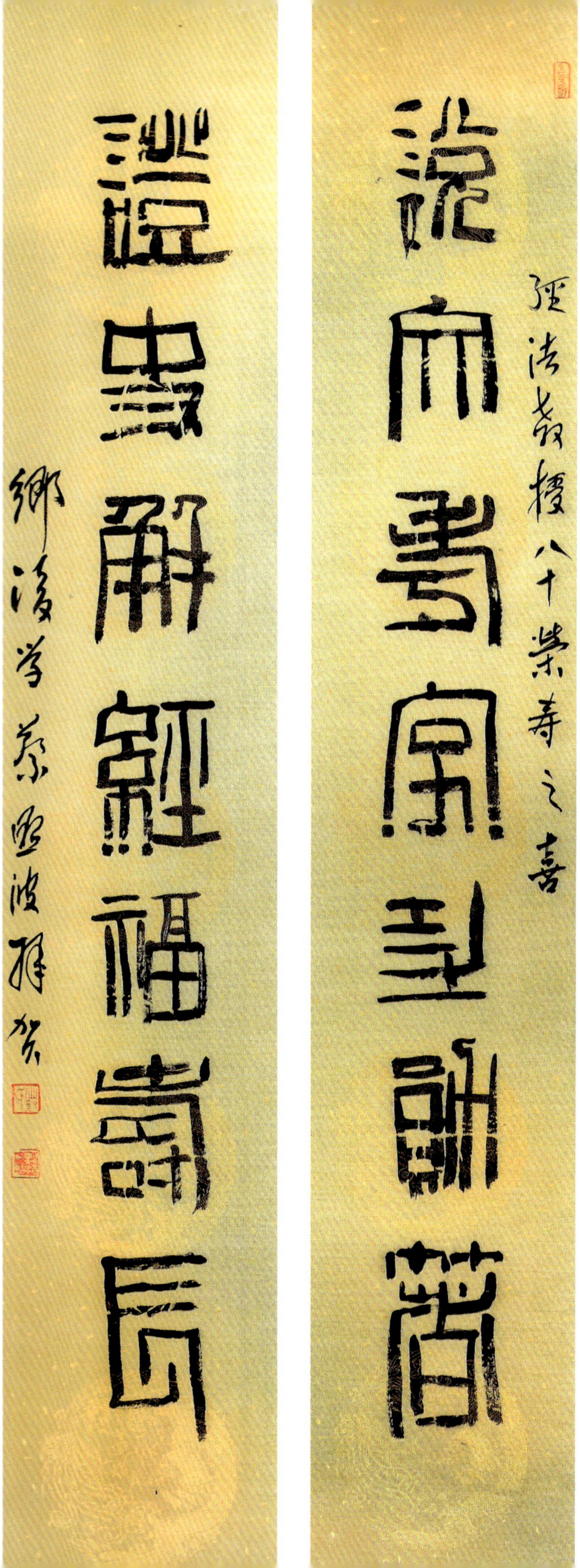

说文考字功勋著　证史解经福寿长　（136cm×34cm）×2　2014年

2007 年 7 月 21 日蔡照波（左）与郑成业（中）、许美群合影于“紫荆·红棉——粤港十人书画联展”蔡照波作品前

的书法作品也有争议，当今甚至有人说“颜楷不能学”。这可以看出，讨论书法的优劣本来就是见仁见智，在毛笔不是写作工具的今天，评价书法，包括名人书法的优劣的确不是件容易的事，要靠书法普及来提高全民欣赏水平，也要靠好的学术风气，不能单凭市场价格。

蔡照波：的确，颜真卿在历史长河中，是一座不可磨灭的丰碑，但有人在探讨他的书法的时候，把他孤立地断代研究，其实各个朝代的书法都有不同的时代风格。比如清代的字比较瘦，如果放在唐代来看，肯定会觉得这些细腰、婀娜多姿的清字不好看，这是时代的审美使然。宋代以后，写意书风盛行，当时的人也肯定看不惯或者不接受唐代书法那种严谨的精神。

所以我们现在研究历史上的书法名人，不能拿近代一流的书法家跟明代三流的书法家相比，也不能拿唐代一流的书法家跟宋代三流的书法家相比，这样没有什么可比性。艺术上的成就，没有哪个朝代能够完全盖过另一个朝代的，没有谁高谁低的明显区分，因为各个朝代本来就有完全不同的审美。当代书法虽然已经不是人们日常生活所必需，但当代人的生活和视野，也非古代人所能比的，所以当代书法不见得会比古代书法差。

赵利平：说回名人书法，哪种名人的书法更容易被大众接受？

陈志平：莫言、余秋雨、贾平凹的书法之所以受追捧，还因为中国人对书法的判断有个“先文后墨”的趋向。唐宋以来，书法艺术更强调背后的“人”和“文”，在同等情况下，书写者文化修养越高，他的书法就越有价值。如果书写者同时具有文人、学者、名人的身份，则其被接受程度会更高。当然名人的“名”也有多种体现，有的是政治名人，有的是文化名人，有的是商业名人。通常来说，文化名人因为其名气具有超越性，与政治名人、商业名人相比更容易被大众接受。

蔡照波：直到现在，人格修养都是艺术家的终身命题，若人的品格不高，其书法作品的价值一定不会高，这也是为什么某些名人书法写得不是十分出众，但人们追捧他。其实书法也好，篆刻、绘画也好，人们对它的审美更多是体现在作者的生命体验和情感释放上。

赵利平：现在看孙中山、康有为、梁启超等人的书法作品，也的确是“字如其人”，经得起历史的考验。

陈志平：这些历史名人跟当代名人又不一样。以前的书法具有实用性，以前的人自小就练习书法，很多人都有扎实的书法功底。当代的名人则不然，真正会文墨的不多。而且现在一些人成名的方式，很多是借媒体炒作暂时炒出来的，还没有经过历史的选择和淘汰。

名人书法是否有收藏价值？

赵利平：作为收藏者，大家最为关心的是，名人书法是否有收藏价值？哪些名人书法才值得收藏？

许鸿基：当代的名人书法我觉得可以分为三个层次：一是经得起历史考验的书法名人，书如其人，名如其书，与书法的本质联系得上；二是有一定造诣的名人，虽比前者在书法艺术方面稍微逊色，但他们的字画也有一定的欣赏功能，也为研究者提供了更为全面准

“方寸之间　气象万千”
文人圈兴起篆刻印章收藏风潮

陆志霖

6月27日，为期三天的“西泠印社2016年春季拍卖会”圆满收官。整场春拍共4000余件拍品，总成交额9.2亿元，表现出色。其中篆刻印石部分三大专场总成交额逾5000万元，平均成交率过九成。清初制钮第一高手尚均作田黄石河图钮方章110万元起拍，以247.25万元成交。吴昌硕刻童子洗象钮寿山将军洞芙蓉石樊家榖自用闲章印面1.5厘米见方，小林斗盦旧藏，多处出版及著录，以89.7万元成交。

在古代也只是文人篆刻的印章，流传至今，中国篆刻艺术已经成为人类非物质文化遗产中的一颗璀璨明珠。如今，小小“方寸之物”，竟能拍出低则几十万，高则百万、千万的成交价，着实让不少藏家为之心动。

壹　篆刻艺术不再小众

主持人（赵利平·广东省文艺评论家协会主席团成员、广东省文化学会副会长）：篆刻印章是中国文人雅士的青睐之物，相比书画作品而言，篆刻艺术在收藏市场中，处于怎样的地位？

郭莽园（西泠印社社员、广东文史馆馆员、广州画院艺术顾问）：诗、书、画、印是中国书画的“四绝”。篆刻虽小，但在方寸的块面上，凝聚了绘画、书法、雕刻等诸多美术因素。虽然篆刻艺术市场的现状不如书画，但近年来在文人圈子里兴起了一股印章收藏的风潮，对篆刻艺术的重视程度和与价值认识程度是逐渐提升。

沈永泰（西泠印社社员、广州市书法家协会副主席、广东省书法家协会主席团成员）：中国篆刻艺术目前可以说是一门独立的艺术，是中国人独特的审美表达，它融合了书法、绘画、雕刻的艺术特性，可以说是我国民族文化品格的艺术性的再现。

主持人：篆刻艺术是书画艺术中不可或缺的组成部分，篆刻艺术又可以独立欣赏，近年在文人圈子里也兴起了一股印章收藏的风潮，那么篆刻艺术还是跟以前一样小众吗？

沈永泰：在以往的艺术品收藏领域，篆刻收藏确实属于绝对的冷门，但是从现在看来，篆刻已经不能算是小众艺术了。近几年，在全国范围内，学习和从事篆刻这门艺术的人变得多了起来。而且随着科技的进步，篆刻艺术展览的形式也越来越多，例如将篆刻作品放大来观赏，原来细小的东西一经放大，人们便能更容易地去观察和欣赏，那么喜欢篆刻且乐于去把玩、学习的人自然就多了起来。

郭莽园：现在印学圈子里的人比起以前真的多了很多，最明显的是玩刻的人变多了。虽然培养古文字功底需要很长的时间，但是刻制的手工艺术对比起来还是容易的，基本学上一年就可以完全掌握这门手艺了。

蔡照波（西泠印社社员、广东南方印社社长、广东省书法家协会副主席）：现在除了美术院校外，一些综合大学的书法美术系也设有篆刻艺术选修课，例如暨南大学、广州美术学院等。再加上近些年各地印社经常举办大众性、主题性的宣传活动，促使了很多篆刻艺术家拿起刻刀，认真追求。篆刻也由此从小众走向了大众。

贰　广东篆刻有其实力

主持人：没想到这几年篆刻艺术可以发展这么快，那我们广东本地的篆刻艺术又发展得怎样？

沈永泰：当今广东篆刻整体实力，比起江浙、上海、京津等地仍有一定差距，综合来讲，近几年由于国内各城市印人南来落籍广东，带来不同书风、印风。各地文化有差异，印风也各异，或雄强，或险峻，或秀逸，带来新的面目，壮大了广东篆刻力量，融合发展，现在应该还处于中等水平。

蔡照波：例如有“天下第一名社”之誉的篆刻研究学术社团西泠印社在广东现有 15 名社员，数量仅次于浙江、上海、北京和江苏。除去在场的三位，还有：王跃庆、宁树恒、吴智勇、李平、李俊、连登、陈浩、周国城、徐学毅、梁晓庄、廖富翔、鞠稚儒。而其中，本地广东籍的一共有六位，不同地域的篆刻风格在广东互相交流渗透。

主持人：现在广东的篆刻风格是怎样的？

沈永泰：晚清时，安徽篆刻大师黄牧甫来广州，给当时的广东印坛带来了极大的影响，以至于清末以来，广东地区的篆刻还是延续了黄牧甫的路子。从风格上说，广东的篆刻明显彰显了地域文化，强调精细、开放、创新。

郭莽园：南北交流越来越多，使得广东的印学风格比较多样，风格之间的鸿沟也慢慢被填平，界线没有以前那么清晰了。

叁　印社推动篆刻传承

主持人：一说到篆刻，很自然就会聊到西泠印社，为什么经过这么多年西泠印社对篆刻艺术还有这么大的影响力？

沈永泰：西泠印社是我国现存历史最悠久的印学社团，也是海内外成立最早的金石篆刻专业学术的民间团体，是一个国际性的社团、学术团体，还有不同领域精湛造诣的艺术家参与。可以说是“老字号”了，在海内外研究金石篆刻历史最悠久、成就最高、影响最广，有“天下第一名社”之誉。

主持人：印社最大的作用在哪里？

沈永泰：当年杭州西泠印社的有识之士，买下了孤山那块地，一块儿切磋艺术。要有印社这样的物质载体，才能使得当地的篆刻艺术传承下去。

蔡照波：近十来年，全国各地印社都有许多作为，如天津印社、山东印社、广东南方印社……随着各地印社的不断成立和发展，我国的篆刻艺术又上了一个档次。篆刻的繁荣不能仅靠几个篆刻大家孤军奋战，而是需要有一群人在学术和艺术上的互相探讨、切磋和碰撞，才能够有所为。印社正是能够起到这样的作用，促进篆刻艺术理念的弘扬和思想的传承。

肆 刀石笔墨艺术第一

主持人：尽管篆刻艺术变得大众，但相对书画玉石，仍算冷门，篆刻艺术又该如何去欣赏？

蔡照波：篆刻艺术很传统，能够欣赏篆刻艺术，又能理解其艺术内涵的人，相对来说的确不多。一枚印章好不好，懂行的人肯定说艺术第一，最重要的是要有人文情怀在里面，有经典笔墨和艺术的叠加；第二是石头，最好能和艺术完美地结合起来。

沈永泰：篆刻的表现形式也很多，对一般大众来说，首先要看它的字，有大篆、小篆、缪篆之分，有朱文、白文之别，还要看刀法，是切刀还是冲刀等。如果是从收藏的角度来讲，篆法、章法、刀法、布局协调就是区分篆刻艺术价值高低的要素。多看经典，是提高眼界的不二法门。

主持人：和大家分享下，平时在进行篆刻艺术创作时要注重哪些方面？

郭莽园：篆刻，篆是书艺，刻是手艺。手艺很简单，花一年半载，肯定就知道怎么去刻东西了，但要把印章刻好，就需要一个非常长的过程，甚至是一生一世的追求。

篆刻艺术，讲求“刀、石、笔、墨”。简单来说就是把印石当纸，把刻刀当笔，再把自己内心情感浇灌进去，见刀法、见石味、见笔情、见墨韵。

沈永泰：材料也很重要，要想玩出品位来，就一定要考虑石头的品质。目前公认的“四大印石”是福建的寿山石、浙江的青田石、浙江的昌化石、内蒙古的巴林石。这四种石头产量大，影响大，此外还有各省市的地方石材。不同的石头因为软硬度的不同，雕刻的效果是很不一样的。太软的石头篆刻线条无力，不够利落，要根据不同石质、风格，用不同的刀法形式处理，达到自己理想追求的效果。在平时创作中，我近几年较多选择一些纯度高，没有沙丁的巴林石创作。

蔡照波：篆刻创作的时候可以根据自己的风格和要求来选择合适的材料，而篆刻艺术往往还可以通过与书画作品的完美融合来展现其艺术魅力。画面中，印章要运用得恰到好处，比如与该书画风格协调，印章所刻内容也贴切，这样才能起到画龙点睛的作用。

伍　了解篆刻广结善缘

主持人：篆刻藏品有哪些形式？市场多喜欢收藏怎样的篆刻作品？

沈永泰：篆刻收藏除了石料本身的价值之外，历代官印、秦汉印、有价值的民间印、名家篆刻的实物及印拓、印稿、印材、印谱，这些都是受市场欢迎的。

蔡照波：关于印章的收藏涉及方方面面，例如篆刻家书画、印史典籍等，特别是官私印章、名家篆刻和名人用印等，炒得确实很火。市场上很多朋友针对某一历史时期的某一类型作品的集藏可谓不遗余力，也有的收集历代名家篆刻作品为主，尤以近现代为重。

主持人：收藏篆刻艺术作品有哪些渠道？篆刻艺术作品的收藏需要注重哪些方面？

沈永泰：现在网络上都有拍卖篆刻艺术作品了，篆刻作为一种艺术品种，它的收藏渠道和其他收藏品的门类渠道基本都一样，并没有什么门槛。画廊、古董店都有各种篆刻类艺术作品出售。

值得注意的是，收藏领域历来鱼龙混杂，收藏篆刻作品还不可盲目跟风。譬如，当下对田黄石、鸡血石等印材的炒作已达百万、千万之巨，藏家切不可取。不管什么样的印章材料，只有被赋予了人文精神的才能体现其真正价值，更何况它还只是坯料而已。不过，当代中青年篆刻家的作品价格普遍较低，而以后的回旋空间较大，性价比高，我建议一些刚刚开始玩印或者经济条件没那么好的人群去收藏。

郭莽园：收藏上，篆刻艺术源远流长，篆刻藏品的数量和种类也很多，不可能面面俱到，必须有所侧重。建议可以收藏一些名家篆刻作品，当然首先肯定还是要验证下真假，作假古今中外都有，何况是高度科技化的今天。

蔡照波：在确认真品后，就要看它的艺术成分有没有叠加，有没有一些所谓的经典笔墨。比如说一个篆刻名家刻的、一位名人使用的，在该篆刻家的作品里又是很好的作品，那么这些因素集中在一起，就是艺术成分的叠加。

然而，名家篆刻作品的流传有它的特殊性，多在篆刻家亲属、同道、后学者之间传世，坊间少见。这就需要收藏者了解篆刻家和篆刻界，广结善缘。

2008年10月24日蔡照波（右）与张戈合影于西泠印社建社105周年盛会上

陆　大师境界引领市场

主持人：请各位老师谈谈自己对篆刻艺术的创作理念与追求。

郭莽园：越传统的东西越能体现人类最原始但也最终极的目的，而传统中的经典是经过时间洗礼后的精华，具有恒久的价值。现在盛行大写意印风，结合现代人审美追求，抒发内心的情感，把印章这门传统的艺术推向一个新境界。

沈永泰：我崇尚典雅传统印风，学习继承秦汉及近现代优秀印作，以篆书为载体，博取与提炼创作，力求通过各种不同形式、篆法、章法与刀法的协调设计，在篆刻作品中表现出有笔有墨的艺术效果。

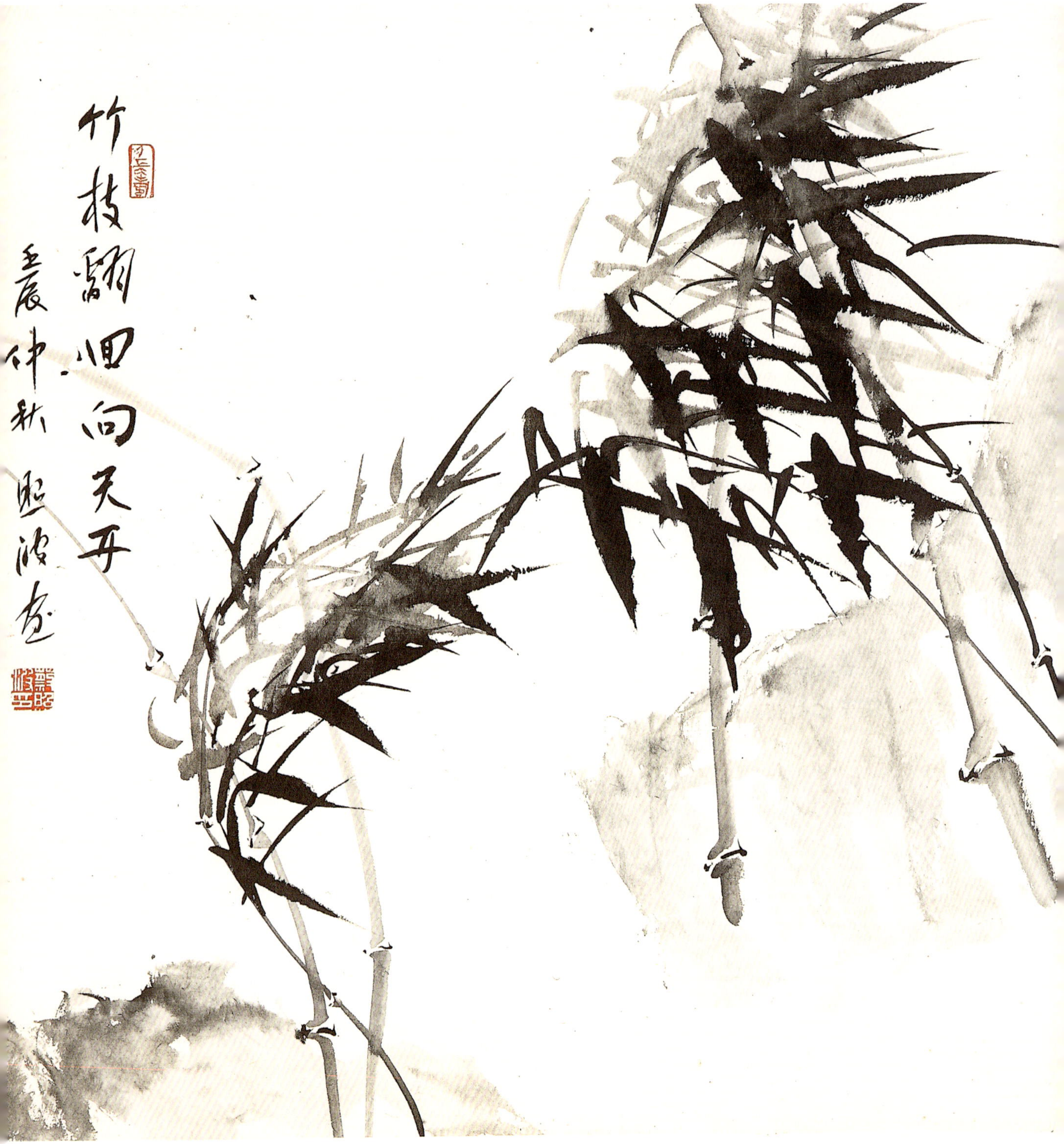

竹枝翻回向天开 71cm×70cm 2012 年

附录

“蔡照波书画篆刻展”潮州开幕·西泠印社贺信

蔡照波书画篆刻展组委会：

欣闻由中共潮州市委宣传部、广东广播电视台、广东省人民政府文史馆、西泠印社等联合主办的“蔡照波书画篆刻展”将于7月24日在潮州市人民广场隆重开幕，特驰专函，致以热烈祝贺！

蔡照波先生长期致力于文化艺术传播和推广，为中国传统文化的传播流布发挥了积极作用。同时潜心于书画篆刻艺术创作，成果斐然，近年来对西泠印社举办的国际性展赛给予了大力的支持，并为南方印社的筹建和运作做出了重要贡献。衷心期待先生在今后的艺术道路上取得更大的成就，预祝“蔡照波书画篆刻展”圆满成功！

西泠印社

2014年7月21日

展览嘉宾合影左起：潮州电视台主持人、吴山、洪楚平、曾少华、洪文香、孙丽生、蔡时英、张惠建、胡国华、蔡照波、程扬、陈丽文、包正彦、郭莽园、欧广勇、麦淑萍、徐和、吴炎群 、韩安贵、程小宏

“蔡照波书画篆刻展”潮州开幕·广东省文史馆贺信

展览嘉宾合影左起：傅锦文、张茂华、王欣、蔡照波、周繁、卢战、简玲、陈琳

欣悉著名书画篆刻家蔡照波先生在家乡潮州举办“蔡照波书画篆刻展”。在此，我们表示热烈的祝贺！

蔡照波先生从小热爱书画艺术，就读著名学府中山大学时，师从著名古文字学家商承祚先生，经过刻苦研修，在古文字、篆刻等方面有了长足的进步，为今天的艺术成就打下了坚实的基础。

蔡照波先生是广东省政府文史研究馆馆员、广东省书法家协会副主席、西泠印社社员，是一位长期担任广东电视台领导工作的负责同志。身兼数职，公务繁忙，没有妨碍蔡照波先生对艺术的追求，忙里偷闲，舞文弄墨，操刀治印，终成书画篆刻名家。

潮州是著名历史文化名城，人杰地灵，英才辈出，蔡照波先生是其中的佼佼者。“蔡照波书画篆刻展”在潮州举办，希望能丰富家乡人民的文化生活，给广大人民群众带来艺术的享受，也为家乡的文化建设作出应有的贡献。

最后，祝“蔡照波书画篆刻展”取得圆满成功！

广东省人民政府文史研究馆

二〇一四年七月二十二日

“蔡照波书画篆刻展”洛杉矶开幕

黎 响　吴 疆

今天下午，蔡照波美国书画篆刻展洛杉矶站的开幕式在位于南加州阿罕布拉市的美国侨报大厅举行，此次展览陈列了40余幅书画篆刻精品，这也是蔡照波先生的作品第一次在美国展出。

美国洛杉矶展览开幕式

在开幕式上，活动主办单位美国格律文化传媒集团的董事长谢一宁、阿罕布拉市市议员沈时康、蒙特利公园市市长梁侨汉、美国华人侨团联合会理事长张素久以及代表活动协办单位的美中广东商会会长张铁流和美国书画艺术研究院执行院长杨建立分别上台致辞。其中，阿罕布拉市市议员沈时康、蒙特利公园市市长梁侨汉和美中广东商会会长张铁流还分别为蔡照波颁发了贺状，美国书画艺术研究院为蔡照波赠送了一枚院徽并为其授予聘书。

美国洛杉矶展览现场蔡照波接受媒体采访

蔡照波师从中国著名古文字学家商承祚教授，研修古文字及篆刻，不仅是中国著名的篆刻家、书画家，同时也是中国广东广播电视台副台长以及中国多所著名大学的特聘教授和硕士生导师。此次展览展出了蔡

“蔡照波书画篆刻展”汕头开幕·萧晖荣致辞

今天我很高兴参加社兄蔡照波先生书画篆刻展的开幕式，我们同为西泠印社中人，在此，我谨代表西泠印社同仁、香港美协、汕头艺苑对各位领导、嘉宾的莅临表示热烈的欢迎！并祝本次展览取得圆满的成功！

我和蔡照波社兄是相识多年的老朋友。这些年来他在担任行政工作之余，对传统篆刻、书画艺术孜孜以求，取得了令人瞩目的成就，让人衷心敬佩！蔡先生早年师从著名古文字学家、金石篆刻家商承祚先生，深得商老真传，特别是在篆刻创作上更有独得之秘，青年时期就被推举为中山大学篆刻社首任社长。其后经过数十年的勤学苦练，他的篆刻、书画造诣日益精进，创造出了具有独特面貌的艺术风格。在中国传统中，仕途与艺道往往相随相成，这也是传统儒家“达则兼济天下，穷则独善其身”之精神的生动体现，如唐代的颜真卿、柳公权，宋代的苏轼、黄庭坚，宋末元初的赵孟頫，明代的董其昌等，均是入仕为官的艺术大家。蔡先生的艺术之途也是这样。他为推动广东广电行业的迅猛发展作出了巨大的贡献，又把他所接触到的社会现实、生活感悟灌注于艺术创作之中，承接艺术传统，紧跟时代步伐，忠实地实践着“艺术源于生活又高于生活”的至理。由此而言，蔡先生可以说是传统儒家精神的坚定践行者，其艺术如是，其艺道亦如是。这在日益喧嚣的当代社会来说，尤为难能可贵。蔡先生的篆刻，取法汉印之外又博采诸家之长，古朴劲健，收放有度，布局谨严又不失灵动洒脱；其书画作品以印入书，以篆入画，行笔之间兼具笔墨韵味与金石气息，既不失笔墨法度，又富有个性体悟。特别是他所画的墨竹，不斤斤于求工求似，达到了浑然天成的境界。

2017 年 11 月 15 日，广东省人民政府文史馆、广东广播电视台、汕头市海外联谊会为指导单位，广东省书法家协会、广东岭东美术馆为主办单位举办的“蔡照波书画篆刻展”开幕式现场

前排左起：萧培创、陈政明、柯可、欧广勇、黄赞发、洪楚平、钟少薇、蔡照波、张小刚、周镇松、廖宗怡、萧晖荣、洪琦炉、廖文松、王扬泽、蔡婵英、林炎章；后排有：蔡立群、肖映川、林定亮、萧培扬等

篆刻虽在方寸之间，却与书画艺术同为中华民族精神的重要载体和表现形式，寄寓着伟大中华民族的高尚品德与情操，乃高度精神文明之标志、民族之魂也。智慧的祖先为我们创造了人类最伟大的文明，身为炎黄子孙，继承为根，发扬是本，更是我们文艺工作者的历史使命。在刚刚过去的十九大盛会上，习近平总书记向全党全国人民发出了“坚定文化自信，推动社会主义文化繁荣兴盛”的伟大号召。我们应共同为弘扬民族精神，唱响中国声音，繁荣中国艺坛，构造新时代中国特色的核心价值观，推动中国艺术走向世界贡献力量！牢记职责，不忘初衷，继续前进！

最后，祝蔡照波社兄艺术常青！谢谢大家！

（本文作者为中国文联全委会委员、中国美协理事、香港美协主席）

蔡照波艺事纪要

电视

电视作品获得“中国新闻奖”、“五个一工程奖”、“金鹰奖”“飞天奖”、国际纪录片大奖等国际性、全国性大奖 40 多项；2003 年个人荣获广东省优秀新闻工作者最高奖“金梭奖”；2008 年被清华大学现代管理研究中心等部门授予“中国最具社会责任感传媒杰出人物”；2009 年荣获“广东百佳电视艺术工作者”称号，同年被新闻出版总署新闻核心期刊《传媒》杂志社、中国传媒产业经营管理论坛评为“2008—2009 年度中国地面频道经营管理十大人物”；2012 年荣获由国家广播电影电视总局主管、中国广播电视出版社主办的《综艺》年度“知行人物奖”；2014 年被中共广东省委组织部、中共广东省委宣传部、广东省财政厅等六部门评为“广东特支计划”宣传思想文化领军人才。

展览

2017 年举办“蔡照波书画篆刻展”（汕头展出）

2017 年入选“相约敦煌·全国五省市书法交流展”（敦煌展出）

2017 年入选“庆祝十九大召开·广东省书法篆刻展”

2017 年入选“珠还华夏 · 情牵粤港——庆祝香港回归祖国 20 周年书画展”（广东省人民政府文史馆）

2016 年入选纪念孙中山先生诞辰 150 周年“全国书画名家作品邀请展”

2016 年入选“第四届全国书法名家艺术双年展暨全国优秀中青年书法家作品邀请展”

2016 年入选“中韩书法交流展”（韩国光州展出）

2016 年入选“岭东雅韵——西泠书画名家邀请展”

2015 年举办“蔡照波书画篆刻展”（美国洛杉矶·纽约展出）

2015 年入选“艺海相辉——澳粤书法篆刻国画名家作品展”（澳门展出）

2015 年入选“高山仰止——纪念张宗祥逝世五十周年·全国书画名家邀请展”

2015 年入选“兰亭印集——当代篆刻名家邀请展”

2014 年入选“鞠礼缶翁——西泠印社社员纪念吴昌硕诞辰 170 周年篆刻书法作品展”

2014 年入选“海宁潮——当代篆刻名家邀请展”

2014 年举办“蔡照波书画篆刻展”（潮州展出）

2014 年入选“百年西泠·雅韵流芳”之“西泠印社当代国际书画篆刻名家精品展”

2014 年入选“强国梦·丝路情书法作品展”（广东省人民政府文史馆）

2013 年入选“第三届全国书法名家艺术双年展暨全国优秀中青年书法家作品邀请展”

2013 年举办“陈晓明　蔡照波　卢小根中国画展”（中山展出）

2013 年入选“百年西泠·金石华章”之“印汇天下——国际印社联展”

2013 年入选“广东书法上海邀请展”（11 月 5 日上海图书馆展出）

2012 年入选“粤港澳台西泠印社社员作品展”

2012 年入选“春满神州——迎接党的十八大西泠名家作品”

2012 年入选“喜迎十八大·广东省百名书法家作品邀请展”（广东省委宣传部·省文联主办）

2011 年入选“百年西泠·盛世风华”之“光辉的历程——纪念中国共产党建党九十周年西泠印社百印篆刻展”

2011 年入选纪念中国书法家协会成立 30 周年“中国书法家协会会员优秀作品展”

2011 年入选“第二届全国书法名家艺术双年展暨优秀中青年书法作品邀请展”

2011 年入选“百年西泠·盛世风华”之“西泠印社社员题跋小品展”

2011 年入选“惠风粤海·和唱钟山——广州·南京书法篆刻作品交流展”（广州艺博院 · 南京图书馆展出）

2010 年入选“翰墨春华——京粤陕文史研究馆中国书画作品展”（4 月 13 日于北京首都博物馆展出）

2010 年入选“台湾·广东周——广东当代书画名家作品展”

2007 年与饶宗颐、郑餐霞、曾敏之、杨之光、许固令、萧晖荣、陈永锵、雷铎、范淳奇等十人举办“紫荆 · 红棉——粤港十人书画联展”

2006 年入选“铁笔流韵——首届全国新闻界书法大展”

2004 年入选“印证西泠·岭南展”

1995 年举办首次个人作品展“蔡照波篆刻展”（广州美术馆）

1995 年举办“欧广勇　蔡照波书法篆刻展”（潮州群艺馆）

1992 年入选“粤台书法联展”（台湾桃园展出）

1989 年入选“第五回中日篆刻展”（日本大阪展出）

1983 年入选“广东省首届大学生书法篆刻展”

出版

《蔡照波篆刻》（1994·岭南美术出版社）

《渡你过海》（散文集·1998·花城出版社）

《蔡照波墨竹篆刻集》（2002·岭南美术出版社）

《中国电视新闻评论类节目发生和发展探微》（合著·2003·中国广播电视出版社）

2006 年挂历《竹韵》（2005·书艺出版社）

2009 年挂历《蔡照波画竹》（2008·书艺出版社）

墨竹作品集《艺术家工作室·蔡照波》（2011·岭南美术出版社）

《当代名家印谱·蔡照波》（2011·广东教育出版社）

《南方心印·陈晓明　蔡照波　卢小根作品集》（2012·南方中国画报出版社）

2013年挂历《蔡照波画集》（2012·南方中国画报出版社）

《蔡照波国画作品》（2013·岭南美术出版社）

《渡你过海》（散文集·修订版·2013·花城出版社）

《我的电视主张》（2015·南方日报出版社）

《社会观点》（主编·2002·广东经济出版社）

《百年西泠·世纪经典·中国印——华南赛区海选参赛精品集》（主编·2007·书艺出版社）

《首届“墨如金·古典诗歌·诗书画印创作大赛”作品集》（主编·2008·书艺出版社）

《高端文化访谈》（主编·2009·岭南美术出版社）

《南方有嘉木——广东南方电视台十年志（上）》（主编·2013·广东人民出版社）

《春自南方来——广东南方电视台十年志（下）》（主编·2013·广东人民出版社）

《广东广播电视书画院书画作品集》（主编·2016·书艺出版社）

《快意丹青——宝鹰杯书画创作大赛作品集》（主编·2016·西泠印社出版社）

《首届广东中国画写生创作高研名师班陕北行师生作品集》（主编·2016·岭南美术出版社）

《塞外行　岭南情——广东书画名家新疆写生采风作品集》（主编·2017·岭南美术出版社）

跋一

谢 耿

1991年，我供职于岭南美术出版社。当时我在该社主办的《周末画报》首开整版多人专栏，照波兄就成为我的作者之一，后来他结集出版的《渡你过海》便收入这批短文。1994年初，我见照波兄的篆刻创作十分可喜，便建议他出版篆刻作品集，在我的催逼之下，《蔡照波篆刻》终于在当年成书发行，此后多次再版且陆续有了第二、第三本篆刻集面世。对此，照波兄曾深有感触地说，若非当年你的逼迫促成，说不定后面一系列的书就没那么顺利。今年初，照波兄告诉我，他将告别电视台岗位，不当台长当院长，转战艺术教育和创作。我又提议他，把历年散见于各类出版物的有关他的评述文章收集起来，出个集子，作为人生的阶段性总结，同时也可借此答谢关注他的作者们。照波兄最终接纳了我的意见，于是，便有了我选编的这本《欲辩忘言——蔡照波印象》。

《欲辩忘言——蔡照波印象》一书，虽是评说照波兄一人，但不是一本传记。书中数十篇文章，先后出自几十位作者之手，并非单独一人书写而成的；书中最早的文章是1990年由出版家散文家苏晨先生撰写的，最近的是2017年香港美协萧晖荣主席的致辞。时间跨度近30年，所以不同时期不同文章里面的蔡照波，往往有着不同的身份：广东电视台监制、总监、副台长、副总编辑；南方电视台副台长、台长、党委书记；广东广播电视台副台长；广东省书法家协会会员、理事、副主席；广东省作家协会会员、理事、影视文学专委会主任；中大、华工、暨大、广大等各高校兼职教授、硕士生导师；中山大学新华学院艺术与传媒学院院长、教授……随着时间的推移，这些外在的东西都在变，唯有不变的是照波兄的初心。因此不管他身处什么平台，什么称谓，都无碍于对他的了解与感知。相反，这样可以更真切地感受一个人，走近一个人，因为这是不同时空的记录，可做多维度的解读。

本书中，有上面提到的苏晨先生，有文学评论家王干，教授吴国钦，书法家欧广勇，画家林丰俗、梁照堂，艺术评论家王璜生、梁江，作家雷铎、黄国钦等名家，以及近些年《南方人物周刊》、《新闻战线》、中国教育电视台、《综艺报》、《南方日报》、《羊城晚报》、《广州日报》等媒体记者撰写的、关于评论照波兄在书画篆刻、散文、电视等领域的文章60多篇，配以相应的作品和相关的照片，希望能给读者更愉悦的阅读体验。

其实评论照波兄的精美之作有许多，限于篇幅，无法一一收录，只能部分忍痛割爱。所选文章，也许未能全面展示照波兄的人格魅力与艺术造诣，请各位多多包涵。

2017年国庆节

跋二

蔡照波

翻阅《欲辩忘言——蔡照波印象》，生出许多感慨。

人生的长度，是由无数个时空、无数个事件连缀起来的。

人生没有白走的路，每一步都算数。

一辈子就干一件事固然好，但于我觉得容易寡淡无味。

对艺术的挚爱和追求，能让我们在有限的生命里追求无限的生命之光，收获有限人生无限的宽度和快乐。当然，诗情画意只能偶尔点缀日子，并不是生活的全部，于工作与爱好，如何在奋力进取与适可而止之间取得一种平衡，那是非常不容易的。好在我的人生并没有设置徒增烦恼的标杆，我以为随性更能怡情，这也就成就了今天的我，虽没有无限锦绣，却也山水相宜；人生如茶，淡中有味。

感谢我中山大学中文系的师弟谢耿在百忙中为我选编这本书；感谢艾云女士为本书作了令我感动的序文；感谢傅锦文女士为本书的装帧设计付出了辛劳；还有周山丹、黄国钦、陈焕升等许许多多朋友在方方面面的帮助。其中甘苦，不言自知。谢谢了！

一篇文章，一次对话，一段叙述，定格了往日的岁月，留下了一段记忆，拴住了一段往事，沉淀了一段友情，带着被阳光抚摸过的颜色，将温暖我今后的人生。

此为跋。

2017 年暖冬之夜